일주일 만에 끝내는
노트정리 시크릿

일주일 만에 끝내는 노트정리 시크릿

초판 1쇄 발행	2016년 7월 10일
초판 2쇄 발행	2017년 4월 10일
지은이	신성일
펴낸이	한승수
펴낸곳	문예춘추사
편 집	오미연
마케팅	안치환
디자인	래빗북스
등록번호	제300-1994-16
등록일자	1994년 1월 24일
주 소	서울특별시 마포구 연남동 565-15 지남빌딩 309호
전 화	02 338 0084
팩 스	02 338 0087
E-mail	moonchusa@naver.com
ISBN	978-89-7604-308-5 43370

노트정리 IDE 시크릿

일주일 만에 끝내는

전문가가 알려주는
최고의 노트정리 비법

Subject

부록 | 개념 오답노트

문예춘추사

따라 하기 힘든 노트정리법을 해결하는 만점 노트정리 시크릿

노트정리에 대한 학부모와 학생들의 관심에 비해 출판은 극히 저조한 편이다. 노트정리법을 강의하고, 한 권의 책으로 쓸 수 있는 사람을 찾아보기 힘들다는 뜻이기도 하다. 개인이든 다수든 본인의 경험을 정리한 책이 그나마 눈에 띄는 정도다. 그러한 책들도 "헉, 이것을 어떻게 따라 해요?"라고 말하는 학생들도 많다. 그래서 필자는 학생들이 어려워하지 않으면서 자신의 성적에 따라 차근차근 따라할 수 있는 노트정리 책을 만들고 싶었다.

나는 2007년 〈상위 1%로 가는 중학생 공부법〉을 통해 노트정리법을 소개해서 반향을 불러일으켰고, 스터디노트도 직접 제작해 보았다. 그리고 지난 5년여 동안 전국의 초·중·고 학생에게 노트정리법을 강의해 왔다. 이 책은 나의 강의 경험과 노하우 그리고 최상위 학생들의 노트에는 일정한 흐름이 있다는 것을 알고 종합적으로 분석 정리한 책이다.

총 6부로 구성된다. 이 책의 실질적인 핵심은 Chapter 3~Chapter 5에 있다. 3부에서 5부까지는 시험 만점 노트정리 기술을 설명하고 있다.

Chapter 3에서는 중·하위권 학생들의 노트정리 전략이다. 이 학생들은 교과서에 등장하는 기본적인 용어부터 이해하면서 정리해야 한다. 용어정리는 단순히 뜻만 적는 것이 아니다. 용어정리 방법은 이 책의 본문에 사례와 함께 자세히 나와 있으므로 꼭 그대로 따라 하기 바란다.

용어정리를 하고 난 이후에는 교과서 목차를 보면서 흐름을 파악해야 한다. 무엇보다 중·하위권 학생들은 본문의 굵직한 흐름을 머릿속에 배열하는 능력을 키우는 것이 중요하다. 교과서의 목차를 외우는 것도 아주 좋은 방법이다. 노트에도 반드시 목차가 들어가야 하기 때문에 교과서와 수업내용을 토대로 자신이 이해하고 기억하기 쉽게 목차를 재구성해 보자. 1, 2단계의 핵심은 용어정리와 목차구조화다. 무엇이든 단계가 있다. 공부도 예외일 수 없다. 중·하위권 학생들은 이 두 가지를 실천한 다음, 이후에 나오는 상위권 학생들의 노트전략을 실천해야 원하는 목표를 이룬다. 이렇게 하지 않고 중·하위권 학생들이 무작정 전교 1등 학생들의 노트정리나 공신들의 노트정리법을 따르다가는 백전백패다.

Chapter 4는 상위권 학생들의 노트정리 전략으로 수업, 교과서, 자습서, 문제집 등의 주요 내용을 토대로 개념을 체계적으로 정리해야 한다. 이를 토대로 한 과목별 핵심 노트정리 방법이 소개된다. 그리고 복습할 때, 노트를 리뷰하면서 제대로 정리되었는지 확인하는 과정이 여기에 포함된다. 이어서 리뷰하면서 반드시 확인해야 할 노트정리의 핵심 8가지를 알아본다. 개념정리와 리뷰가 3, 4단계의 핵심이다.

Chapter 5는 최상위권 학생들의 노트정리 전략으로 정리한 노트로 복습하면서 확실히 아는 것은 가지치기하고, 더 알게 된 내용을 추가로 정리하는 과정이다. 이렇게 하면서 소단원 또는 중단원 요약정리를 통해 알짜배기 핵심을 정리한다. 한 번 더 정리하는 셈이다. 정리한 단원요약은 시험 직전에 보는 용도로 사용하면 좋다. 이와 함께 출제예상문제도 정리해 놓으면 완벽한 노트가 된다. 5, 6 단계의 핵심은 기억과 예측이다.

위 내용을 기준으로 해서 성적에 따른 노트정리 전략을 표로 정리해 보면 다음과 같다.

성적 수준에 따른 노트정리 단계

중 · 하위권	1단계 용어정리와 2단계 목차이해 및 구조화에 주력한 다음에 차근차근 3, 4, 5, 6단계를 밟아가야 한다. - 교과서에 등장하는 용어들의 의미를 확실히 이해해야 한다. 개념이해의 출발인 용어를 이해하는데 시간을 투자하자. - 교과서 목차를 통해 흐름을 파악하고(가급적 목차를 외워라), 내용이해를 통해 목차를 구조화해야 한다.
상위권	1, 2단계를 가볍게 끝내고 3단계 개념정리와 4단계 리뷰를 통한 노트정리 완성에 주력해야 한다. - 수업과 교과서를 통한 개념이해를 충실하게 정리해야 한다. - 정리된 노트를 리뷰하면서 빠진 부분을 파악하고 보충해야 한다.
최상위권	1, 2, 3, 4단계를 가볍게 끝내고 5단계 가지치기와 6단계 마무리 요약정리(시험예상 문제 포함)에 주력해야 한다. - 정리된 노트를 반복해 보면서 확실히 알게 된 내용을 가지치기 하고, 심화 내용들을 정리하는데 신경을 써야 한다. - 마지막 요약정리를 하면서 출제 가능한 문제를 예상해서 정리한다.

Chapter 1은 수업시간이 노트정리의 기반이라는 사실을 강조한다. 수업시간에 선생님 설명을 제대로 듣지 않고 학원 강의나 자습서로 노트를 정리하겠다는 생각은 애초에 버려야 한다. 내신 만점은 수업시간의 내 생각과 태도에 달려 있다. 노트정리의 기본은 수업이고 수업시간에 필기한 내용을 토대로 어떻게 정리할지를 쉬는 시간에 생각하고 메모해 두어야 한다. 그리고 집에 와서 교과서와 자습서를 참고로 노트정리를 해야 한다. 즉, 수업시간, 쉬는 시간, 복습의 3단계를 습관화해야 한다. 이렇게 하는 것이 가장 바람직한 노트정리 습관이다.

Chapter 2는 내용을 받쳐주는 형식도 중요하다. 두뇌가 좋아하는 노트정리 방법을 소개한다.

Chapter 2는 글씨체, 색깔, 내용의 배치, 구분선 그리기, 필기구와 포스트-잇 사용 등에 대해서 설명한다. 이밖에 포스트-잇과 밑줄, 블럭, 동그라미 등의 도형을 효과적으로 사용하는 방법도 제시한다. 또한 명료하게 정리하고, 내용을 구분하고, 이미지를 사용함으로써 노트를 보기 좋고 가치 있게 정리하는 방법도 제시한다.

Chapter 6은 어휘, 연표, 시사, 독서노트 등 각종 노트정리 기술에 대해서 설명하고 있다. 각각의 노트는 사례를 들어 이해시키고 있다.

우리 학생들에게 당부하고 싶은 것이 있다. 학원과 과외에 의존하지 말고, 학교 수업시간에 적극적으로 필기하고 질문도 하면서 선생님을 괴롭혀야 한다. 그러면 선생님들도 더욱 수업에 신경을 쓸 것이고, 수업의 질도 높아진다. 학교에서 집중해서 필기하고 그것을 기반으로 집에서 노트정리 하는 습관을 들이면 누구든지 좋은 성적을 유지할 수 있다는 것을 명심하자. 가장 중요한 것은 학교 수업시간이다.

끝으로 이 책에 나오는 이미지를 만든 문지현 양에게 다시 한 번 감사한다. 필자가 작업을 같이 해줄 학생을 찾고 찾다가 만난 학생이 지현양이다. 개인적으로 공부만 잘한다고 해서 만들어지는 것이 아니다. 성실성도 있어야 하고, 창의적이어야 하고, 저자하고 소통이 원활해야 한다. 그런 면에서 지현 양은 딱 맞는 학생이었다. 지현 양이 다방면에서 원하는 목표를 꼭 이룰 것을 확신한다.

신성일

목차

목차

chapter 05

가지치기와 단원요약 그리고 출제예상문제
《 최상위권 노트정리 전략 》

맺음말

성적을 올리기에
노트정리만한 것이 없다

부록

개념
오답노트

▶ 연간 일정표
▶ 수업 시간표
▶ 중간/기말 시간표
▶ 시험결과 및 목표 세우기
▶ 과목별 수행평가
▶ 개념정리 노트
▶ 오답정리 노트

chapter
01

노트정리의
바탕은
학교 수업에 있다

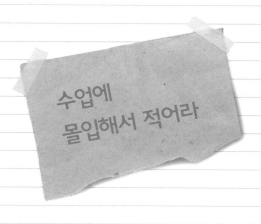

수업에
몰입해서 적어라

노트정리 어떻게 하는거예요?
기본 3단계 코스

노트정리법 강의를 하면서 가장 많이 듣는 질문이 있다. 사실 특별한 질문도 아니다. 정말이지 10명 중, 9명은 꼭 이렇게 묻는다.

"노트정리는 어떻게 하는 거예요?"

구체적이지 않은 질문이라, 가끔은 필자도 "노트정리 정말 어떻게 하는 거지?"라고 스스로 물을 때도 있었다. 이런 질문은

"짜장면 어떻게 먹는 거예요?"라고 묻는 것과 다르지 않다. 대체로 대답은 수업시간에 필기 열심히 하고 집에 와서 잘 정리하면 된다고 하면서 대화를 이끌어간다.

중학생이라면 노트정리 하면서 궁금한 점을 메모해 놓고 질문하는 것이 더 바람직하다. 질문이 구체적일수록 상대방에게 더 많은 정보를 얻을 수 있다.

"학교 수업시간에 노트정리 하는 방법에 대해서 알고 싶어요."

"중요 내용 정리를 못 하는데 어떻게 해야 하나요?"

"판서를 안 해주는 선생님이 있는데, 어떻게 정리하는 것이 효과적인가요?"

"수업노트도 만들고 따로 정리노트도 만들어야 하나요?"

"오답정리는 꼭 해야 하는 건지, 어떻게 해야 효과적인지 알고 싶어요."

노트정리를 잘하기 위해서는 첫째, 쓰기를 싫어해서는 안 된다. 노트정리를 제대로 하고 싶다면 이것만큼은 마음을 바꾸어야 한다. 적자생존이라는 말도 있다. 적는 자만이 살아남는다는 비유적 해석이다.

둘째, 노트정리를 해야만 하는 이유를 스스로 알아야 에너지가 나온다. 노트정리를 왜 하는지, 이유가 무엇인지 생각해 보자.

쓰는 것을 두려워하지 않는 마음도 생겼고, 노트정리 하는 이유도 생각해 보았다면 기본적인 노트정리 전략을 세워보자. 세세하고 구체적인 것이 아니라 큰 그림을 그리는 것이다. 이 그림은 3단계로 그려진다.

수업 ➡ 쉬는 시간 ➡ 집으로 이어지는
3단계 노트정리 코스

● **1단계 :** 수업에 집중하면서 선생님 설명을 적어야 한다.

수업시간마다 판서를 꾸준히 하는 선생님은 찾아보기 어렵다. 대개 교과서를 보면서 밑줄을 긋거나 여백에 필기한다. 유인물 혹은 ppt로 수업을 진행하기도 한다. 선생님들의 수업 방식이 다르기 때문에 수업에 집중해서 능동적으로 필기하는 습관을 들여야 한다. 노트정리의 원천은 수업시간에 있다. 수업시간에 나의 참여 정도에 따라 성적은 이미 정해진 것이나 다름없다.

수업시간에 선생님 설명을 들으면서 필기를 하고 교과서와 유인물에도 꼼꼼하게 표시하고 메모해 놓자. '자습서를 가지고 정리해야지', '학원에서 정리해 주겠지.'라는 생각은 아예 하지도 마라. 정작 중요한 학교 수업시간에는 졸고, 잡생각하고, 다른 과목 공부하면서 방과 후에 학원을 왔다 갔다 하는 비정상적인 학생은 되지 말자.

1단계에서 강조하는 핵심이 무엇인지를 '수업시간의 사례'를 통해 이해해 보자. 대부분의 학생이 공감할 것이다.

| 각 과목 수업시간 사례 |

국어 a, b : 모두 판서 안 해준다. 주로 교과서에 밑줄 긋거나 '활동하기'를
많이 한다.

영어 : 말로 설명을 많이 해준다.

수학 : 판서 해주는데, 새 단원이 들어갈 때마다 개념을 한번 정리해주고 문제
는 노트에 풀라고 내준다.

사회 : ppt 자료를 보여주며 수업한다.

역사 : a는 판서해준다. b는 혼자 활동하는 유인물을 나눠주고, ppt 요약자료
를 보며 수업한다.

과학 : a, b 모두 유인물로 수업한다. 교과서 읽고 밑줄 긋고, 유인물의 빈칸
을 채운다.

| 첫째도 집중, 둘째도 집중 : 눈과 귀와 손이 하나 되어 필기한다. |

❶ 과목에 상관없이 선생님의 설명을 이해하며 전부 적는다는 마음으로 수업
에 참여한다.(그렇다고 이해는 뒷전이고 적는 데만 몰입해서는 곤란하다.)

❷ 노트든 교과서든 유인물이든 최대한 꼼꼼하게 표시하고 필기한다.

❸ ppt의 경우는 요약 정리된 자료다. 따라서 노트에 필기하고 선생님의 설명
도 잘 받아 적어야 한다.

❹ 판서도, 유인물도 없는 과목의 경우는 교과서에 최대한 선생님의 설명을
필기하고 표시를 한다.

자, 이제 수업시간에 어떻게 필기해야 하는지 자세히 살펴보자. 수업시간에 필기하는 방식은 주로 세 가지인데, 수업노트 필기를 기본으로 하면서 나머지 두 가지를 적절히 활용해야 한다.

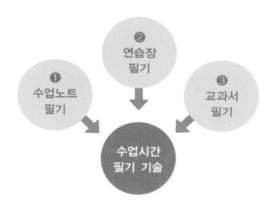

1) 수업노트를 준비해서 필기한다.

선생님이 칠판에 판서하거나 유인물이나 ppt로 설명하는 내용을 필기하고 말로 설명하는 내용을 필기한다.

　다음 노트는 수학 수업시간에 선생님이 필기한 노트다.

① 세 개의 칸으로 나누어 직접 프린트해서 사용하는 노트다. 칸을 나누어 정리하면 두뇌가 내용을 구분하는데 효과적이다. 문구점에 있는 노트가 아니라 자유롭게 칸을 나누어 프린트해 노트로 사용해 보자.

② 선생님이 이차방정식의 개념을 판서해준 내용이다. 아래 칸의 '확인하기'는 개념에 대한 보충설명으로서, 문제풀이 할 때 필기한 것이다. 단원의 개념을 문제로 확인하는 내용으로, 실제 식에서 이차방정식인지 아닌지를 구분하는 과정을 보여주고 있다.

③ 오른쪽 빈칸은 나중에 복습하면서 key word를 메모하는 곳으로 Chapter2에서 설명된다.

2) 연습장에 필기한다.

연습장을 미리 준비해 놓는다. 판서해 준 것은 노트에 필기하고, 선생님 입에서 나오는 설명을 놓치지 말고 적어야 한다고 다짐하면서 연습장에 빠르게 적는다. 나중에 알아볼 수 있을 정도의 글씨체면 된다.

적다 보면 노트에 필기한 내용과 중복될 수도 있지만 다시 적으면서 수업에 대한 기억을 높이게 된다. 판서를 안 해주는 선생님 수업에서도 활용 가능한 방법이다.

다음에 나오는 노트는 이차방정식을 배우는 수업시간에 선생님이 설명한 내용을 연습장에 적은 것이다. 선생님 입에서 나오는 설명을 하나라도 놓치지 않기 위해 받아 적어서 배치도 엉성하고 글씨도 정자체가 아니다. 이렇게 받아 적은 내용은 집에 가서 노트정리 할 때 중요한 참고사항이 된다.

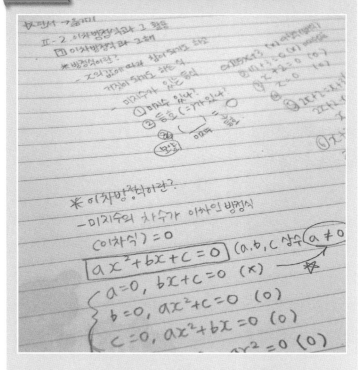

선생님의 개념 설명을 이해하고 필기하면서 문제에 적용시켜 풀이방법을 제시

했다. 특히 수학시간이라면 쓰는 활동을 권장한다. 집중력도 향상시킬 수 있고,

집에서 노트정리 할 때 수업시간의 기억이 훨씬 잘 떠오르게 한다.

단, 이해를 무시하고 무작정 필기 위주로 하는 것은 역효과가 될 수 있다. 그

래서 사전 작업, 즉 예습이 필요하다.

3) 교과서에 필기한다.

막상 수업을 듣다보면 속도를 쫓아가기 힘든 경우가 많다. 선생님이 설명하는 내용을 일일이 적을 수가 없다. 그래서 수업시간의 효율적인 노트필기를 위해서 예습이 필요하다.

특히 난해한 단원이나, 필기가 많은 수업은 예습을 해야 어디에 무슨 내용이 있는지 알 수 있다. 예습을 못했으면 수업 시작 전, 쉬는 시간에 잠깐이라도 교과서를 훑어보자.

선생님이 설명하는 내용과 이미지는 교과서 또는 유인물에 있기 때문에 설명하는 부분이 교과서에 있다면 애써 받아 적지 말고 교과서에 메모, 표시를 해두고 집에 와서 정리하면 된다.

다음은 선생님이 교과서 내용을 설명할 때 필요한 내용을 표시하고 여백에 정리한 것이다. 교과서에 적을 수 있는 내용은 교과서에 적으면 된다.

언니와 현개가 ...

길이는 $(9-x)$ m이고, 꽃밭의 넓이는 $20\ m^2$이므로

$$x(9-x)=20$$

정리하면

$$x^2-9x+20=0$$

'는다. 이와 같이 방정식의 우변에 있는 모든 항을 좌

항을 정리하였을 때,

(x에 대한 이차식) $=0$

에 대한 **이차방정식**이라고 한다.

이차방정식은

$+c=0\ (a,\ b,\ c$는 상수, $a\neq0)$

$$\begin{cases} a=0,\ bx+c \\ b=0,\ ax^2- \\ c=0,\ ax^2 \\ b=0\ \&\ c=0 \end{cases}$$

이차방정식의 주요 개념에 형광펜으로 표시를 해두었다. 잊어버리면 안 되는
조건에도 별표를 해두었다. 상수항의 조건에 따라 이차방정식을 만족하는지에
대한 네 가지 사례를 메모해 놓았다.

노트 Tip 역사수업에서 '강화도 조약' 내용을 노트에 필기

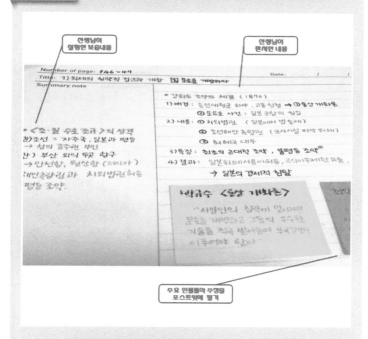

역사 선생님이 ppt로 설명한 내용을 필기한 것이다. 오른쪽은 ppt의 주요 내용이고 왼쪽은 설명한 내용을 보충해서 적은 것이다.

❶ 역사과목 특성에 맞게 배경, 내용, 특징, 결과로 나누어 필기했다.

❷ 서로 반대되는 두 사람의 주장 내용을 포스트잇을 사용해 눈에 띄게 적어 놓았다.

❸ 수업과 관련된 핵심어를 강조했다.

마찬가지로 왼쪽은 역사 선생님이 설명한 내용을 연습장에 받아 적은 것이고, 오른쪽은 선생님 설명이 교과서에 있다는 것을 확인하고 형광펜으로 표시해 둔 것이 보인다.

노트 Tip **선생님의 설명을 연습장에 필기 / 역사 교과서에 표시**

❶ 선생님 설명을 받아 적을 때는 최대한 글자를 경제적으로 했다. 문장형태가 아닌 핵심단어 위주로 필기해 놓는다.

❷ 수업하는 부분의 교과서를 펴놓고 수업을 듣는다. 교과서를 가지고 수업하지 않는 시간이라 하더라도 기본 개념은 교과서에서 출발하고 시험문제도 교과서를 기본으로 한다는 사실을 명심하자.

위 교과서 내용만 다시 확대해 보았다. 선생님이 교과서 내용을 설명할 때, 보충내용들은 바로바로 메모해 놓았다. 여기서 중요한 것은 집에서 노트정리 할 때, 메모 내용이 본문 내용과 어떤 관계에 있는지를 잘 정리해야 한다.

노트 Tip 역사 선생님의 설명을 교과서에 필기

❶ 교과서에 나와 있지 않은 어떤 사실에 대한 이유를 메모했다. 즉 메모를 통해 일본과의 강화도조약에서 '조선 해안 측량권'과 '치외 법권'에 담겨 있는 의미의 이유를 알 수 있다.

❷ '강화도 조약'과 관련된 중요 사건을 메모했다. 주의할 것은 헷갈리지 않게 노트정리 할 때는 메모 내용과 강화도 조약을 잘 연결시켜 정리해야 한다.

● 2단계 : 복습할 때 어떤 내용을 어떻게 정리할지 쉬는 시간에 표시와 메모를 한다.

2단계는 수업이 끝난 다음에 빠르게 해야 한다. 대단원, 소단원 등 오늘 배운 부분의 제목과 주제를 파악하고 핵심 개념 등에 표시를 해 둔다. 수업 중 노트 또는 연습장에 필기한 내용과 교과서 내용을 토대로 복습할 때 어떻게 정리할지 미리 구상해서 표시와 메모를 하자. 유인물로 수업했어도 마찬가지다. 가능하면 수업시간에 노트정리를 끝내겠다는 학생도 수업노트 내용을 확인하면서 보충할 내용을 메모해 놓으면 된다.

사실, 수업이 끝난 직후가 가장 기억이 많이 나기 때문에 쉬는 시간의 메모가 상당히 효과적이다. 노트정리에 들어갈 내용과 빠질 내용 즉 중요한 내용과 중요하지 않은 내용을 미리 생각해 두자. 시간이 오래 걸릴 것 같지만 그렇지 않다. 3분 내외면 된다. 시간이 더 걸릴 것 같으면 메모만 해놓고 집에서 정리하면 된다. 이 과정은 필요한 수업만 하면 된다. 이런 습관은 쉬는 시간을 잠깐 활용하는 것이기는 하지만 직후 복습의 효과도 있다.

수학노트에 정리할 내용을 쉬는 시간에 구상

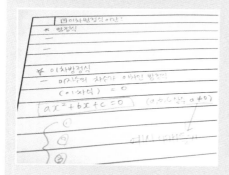

수업이 끝나자마자 노트의 목차구성과 정리해야할 주요내용을 메모해 놓았다. 집에서 정리할 때, 이차방정식 공식과 그에 따른 예시를 충분이 들어야 할 필요성을 느낀 것이다.

역사노트에 정리할 내용을 쉬는 시간에 구상

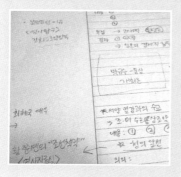

❶ 수업이 끝난 직후, 오른쪽에 중심내용, 왼쪽에 보충내용의 틀로 해서 빠르게 구상했다.

❷ 수업시간에 노트필기를 꼼꼼히 했더라도 직후 복습한다는 생각으로 더 보충할 내용이 없는지 확인하며 틀을 만들어 보면 큰 도움이 된다.

● 3단계 : 복습하면서 노트정리 한다.

집에 와서 수업노트를 기본으로 해서 교과서, 자습서(문제집),
유인물을 참고 해서 정리한다. 복습하면서 정리하는 것이다. 이
책은 3단계에 초점을 맞추어서 정리했기 때문에 사례들은 뒤에
나온다.

수업 → 쉬는 시간 → 집. 이것이 기본 노트정리 코스다. 이제
노트정리의 기본 코스를 알았으니, 노트정리를 통해 성적이 오
를 수 있다는 자신감을 가져보면서 계속 전진해 보자.

참고로 굳이 따로 노트정리를 하지않고 최대한 수업시간에 집
중해서 필기를 한 다음에 필요한 내용만 교과서에 다시 정리해
서 시험을 준비할 수도 있다. 교과서에 정리한 사례는 '교과서에
정리하는 방법'에서 자세하게 나온다.

필기만 하지 말고 정리를 해야 한다

아무 내용도 적혀 있지 않은 노트와의 첫 만남은 설레지만 가끔은 노트에게 미안할 때가 있다. 3분의 1도 채우지 못하거나 제대로 정리하지 못할 때 그런 마음이 생기기도 한다. 노트정리를 제대로 하기 위해 내가 무엇을 해야 할지 생각해 보아야 한다.

노트는 나의 인격인 동시에 성적으로 이어지는 보람이다. 성적을 올리지 못하는 노트는 괜한 시간 낭비다. 노트정리는 열심히 했는데 성적을 올리지 못한다면 노트정리의 문제점이 무엇인지 고민을 해서 해결책을 찾아야 한다. 대부분 이런 학생들에게는 어떤 문제점이 있는 것일까?

나름대로 의지를 가지고 노트정리를 시작했던 학생들이 상담을 하러 와서 이렇게 하소연한다.

"노트정리 하는데 아직도 제가 잘하는지 모르겠어요."

"수업시간에 선생님 말씀을 빠뜨리지 않고 적는데도 꼭 몇 개씩 틀려요."

"저는요, 노트정리를 한다고 하는데 성적이 안 올라요. 해도 소용없는 거 같아요."

이런 학생들의 상당수는 노트정리가 아닌 노트필기를 하는 경우가 많았다. 필기와 정리에는 분명한 차이가 있다. 필기는 받아쓰기 하는 것이고, 정리는 생각을 담아내는 것이다. 어떤 학생들은 자습서를 펴놓고 그것을 다시 노트에 요점정리 한다. 그것을 노트정리라고 착각한다. 자습서나 문제집의 요점정리 된 내용을 다시 베끼는 필기는 절대 하지 말자.

학교 수행평가 점수에 노트정리(or 교과서 정리)가 들어간다. 노트정리가 곧 점수이기 때문에 그만큼 중요하다. 모든 과목이 해당되지는 않지만 대체로 노트정리를 수행점수에 반영한다. 선생님이 원하고 좋아하는 노트정리가 어떤 것인지를 파악해서 정리해야 한다.

한 가지 팁(Tip)을 알려주면 선생님도 이 학생이 필기만 한 것인지, 나름대로 정리를 한 것인지를 유심히 본다. 선생님은 노트를 보면, 수업시간에 집중해서 필기한 노트인지, 자습서의 요점을 베낀 노트인지, 아니면 수업시간을 토대로 창의적으로 정리한 노트인지 단번에 안다. 필기를 깔끔하게 잘해도 좋은 점수를 받을 수 있지만, 정리를 잘하면 그 노트는 만점노트가 된다. 이것이 무슨 의미인지 한 편의 우화를 통해 알아보자. 수업시간을 게을리하고 성적을 올리겠다는 학생들을 비꼬는 이야기다.

자신들의 주인을 평가하기 위해서 노트들이 회의를 열었다. 전국 각지에서 모양도 크기도 내용도 다른, 수많은 노트가 모여들었다. 한 장 두 장 펼쳐 보이며 한숨을 쉬는 노트도 있었고, 자기 주인을 자랑스러워하며 뽐내는 노트도 있었다.

"우리 주인은 말이야, 나를 만나고 나서 며칠 쓰다가 쳐다보지도 않아. 어떤 때는 그냥 가방 속에 버려둘 때가 있어."

"그래도 너희 주인은 양반이야. 나 봐라. 낙서장인지 노트인지, 이게 정리한 거니? 나 죽을 날 얼마 안 남았다."

그렇게 여기저기서 푸념을 늘어놓는 사이에 능력 있는 주인을 만난 노트들은 자신을 펼쳐 보이며 즐거워했다.

"우리 주인 봐라. 보기 좋은 떡이 먹기도 좋다고, 정리 끝내주지 않니? 이번에도 1등 먹었어."

"우리 주인은 시험 일주일 전에 노트정리를 끝내버려. 지난번 시험에서는 정리한 내용에서 다 나왔어."

그런 주인을 가진 노트들을 여기저기서 부러워했다. 오후에는 '올해의 노트'를 뽑는 콘테스트도 열렸다. 치열한 경합 끝에 노트정리로 전교 100등에서 1등으로 수직 상승한 노트가 대상을 거머쥐었다. 다른 노트들이 비결을 가르쳐 달라고 야단이었다.

대상을 차지한 노트가 말했다.

"나의 주인님도 처음엔 노트정리를 잘 못했고, 그다지 공부를 잘한 것이 아니었어. 그러던 어느 날, 주인님이 변하기 시작했어. 학교 수업시간에는 졸거나 다른 생각을 하고 보내다가 학원가서 공부하는 자신이 너무 한심스러웠던 거야. 그 다음 날부터 학원을 모두 정리하고 수업시간에 선생님 말씀을 하나도 빼놓지 않고 기록하기 시작한 거야. 때로는 적극적으로 질문도 하곤 했지. 그렇게 필기한 것을 토대로 간추리고, 분석해서 정리를 했어. 그러고 나서부터 성적이 오르기 시작했지. 지금도 주인님은 수업시간에 선생님 설명 제대로 안 듣고 학원만 전전하는 학생을 보면 바보 같다고 그래. 무엇보다 수업을 잘 듣는 게 비결이지."

그 말을 듣던 노트들은 서로서로 쳐다보며 고개를 끄덕였다.

쓰면서 생각하고 생각하면서 정리해야 한다. 정리는 체계와 질서를 필요로 한다. 불필요한 내용을 줄이거나 없애고, 중요한 내용과 이해 안 되는 내용을 담아내야 한다. 노트정리는 곧 창의력이기 때문에 고도의 정리기술이라고 할 수 있다. 수업 중 받아 적은 낙서 형태의 필기와 교과서에 적은 메모를 토대로 하고, 자습서, 문제집을 참고로 해서 노트에 종합적으로 정리해야 한다. 의무가 아니라 노트를 친구처럼 생각해서 대화하듯이 정리해 나가야 한다.

정말 중요한 게 뭔지도 모르고 정리하는 노트는 주인을 잘 못 만난 것이다. 손으로만 적는 필기로는 우수한 성적을 받기 힘들다는 사실을 명심하자. 정리의 방향을 잡지 못하면 처음에는 벤치마킹도 하고 인터넷 게시판에 질문도 하면서 지식을 넓혀가자. 그런 의미에서 이 책은 그러한 수고를 단번에 줄여주는 역할을 할 것이다.

머리가
시원해지는
노트정리기술

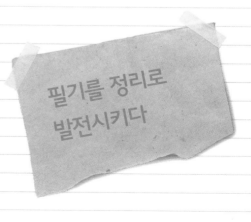

필기를 정리로
발전시키다

첫 시선은 글씨체, 색깔, 여백이 사로잡는다

노트정리의 첫인상은 글씨에 있다. 또한 색깔이 눈을 어지럽히지 않고 편안해야 한다. 다음으로 너무 빽빽하게 적어 답답하게 보이지 않도록 해야 한다. 노트를 펼치면 이 세 가지가 한눈에 들어온다. 즉 글씨, 색깔, 여백이다. 이것은 노트를 보는 사람들의 공통적인 현상이다.

내용에 눈이 가기 전에 이 세 가지에서 첫인상이 결정되므로 이왕이면 보기 좋아야 한다. 나만 보면 되는 것 아니냐고 하는 학생들도 있다. 하지만 피드백도 받아야 하고 다른 사람에게 보여줄 수도 있으므로 이점을 고려해서 정리해야 한다. 특히 글씨체는 중요하다. 고등학교, 대학교 입학할 때 학습계획서를 제출하거나 논술시험을 보는 학교가 있기 때문에 명필은 아니더라도 보는 사람이 충분히 알아볼 수 있게 써야 한다.

옛 선조들을 보면 명필 중에 출중한 인물이 많았다. 우리가 잘 아는 한석봉을 비롯해서, 김정희, 황희, 이율곡 등은 글씨도 빼어났지만 역사에 이름을 남긴 위인들이다. 필자의 경험상, 글씨를 바르게 쓰는 학생들이 노트정리를 잘했고 성적도 좋은 경우가 많았다. 아주 간혹 글씨체가 안 좋았지만 전교 1등 하는 학생도 있었다.

종종 글씨에 대한 지적을 듣는다면 교정을 해야 한다. 시간이 없다는 핑계로 방치하다 보면 글씨체가 몸에 베어버려 나중에 고치기가 쉽지 않다. 손 글씨를 배울 수 있는 상황이 아니라면 스스로 할 수 있는 방법을 하나 소개하겠다.

문구점에 가면 방안지(모눈종이)가 있다. 그것을 구입해서 2cm 정도 크기로 가로줄과 세로줄을 똑바로 긋는 연습부터 하자. 하루 15~20분씩 꾸준히 연습해보자. 일주일 정도 하면 가로줄과 세로줄 긋는 것이 숙달된다.

그런 다음에 시옷과 동그라미 쓰는 연습도 병행하자. 그렇게 일주일을 하고, 한글 자음과 모음을 몇 개씩 꾸준히 써보는 것이다. 두세 달 정도 글씨를 쓰면서 정성을 들이면서 게을리하지 않으면 점차 글씨체가 교정되면서 바르게 된다. 중요한 것은 선을 그을 때 다른 생각하지 말고 정성 들여 똑바로 그어야 한다는 마음으로 해야 글자체가 바뀐다. 처음에는 선의 모양이 예쁘지 않더라도 꾸준히 하면 분명히 글씨체가 바르게 된다.

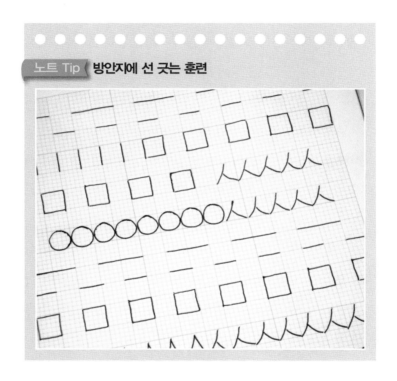

노트 Tip 방안지에 선 긋는 훈련

위와 같이 선 긋기부터 시작해서 자음과 모음을 써보는 것이다. 처음에는 선 긋기도 힘들지만 꾸준히 정성을 들여 하다 보면 글씨체가 교정된다.

펜 색깔은 평균적으로 세 가지 색깔이 무난하고, 네 가지 색깔을 사용하더라도 과도하지만 않으면 된다. 펜 색깔을 원칙 없이 사용하다 보면 노트정리의 효율성이 떨어진다. 선생님이 강조한 내용도 빨간색, 내가 중요하다고 생각하는 내용도 빨간색으로 해 놓으면 나중에 구분이 안 된다. 제목, 노트 본문의 핵심개념, 선생님 강조, 이해도가 떨어지는 내용들은 크기, 기호, 색깔을 달리해서 정리해야 한다.

노트정리에서 너무 **빽빽**하게 정리했다는 인상을 주지 말자. 내용과 내용사이의 구분과 적절한 여백이 읽고싶은 노트를 만든다. 여백에는 추후에 보충내용을 정리할 수도 있고, 포스트-잇을 붙일 수도 있다.

내게 맞는 노트 선택
아웃라인(구분선)을 그려 보아라

노트정리를 단순하게 정의하면, 하얀 면 위에 글자와 이미지를 사용해서 포장하는 기술을 의미한다. 따라서 내가 어떤 식으로 내용을 포장해 가야 한다는 기본적인 아웃라인(구분선)을 그려놓고 시작하면 좋다. 선을 긋는 것을 좋아하지 않는 학생들도 있다. 이런 경우, 가로줄만 있는 노트에 제2의 선 혹은 제3의 선을 긋지 않더라도 머릿속에라도 대강의 아웃라인을 생각해 놓고 정리해 보자.

선 긋는 기술을 소개하겠다. 십자(+)형 혹은 그 변형으로 대부분을 소화할 수 있다.

첫 번째로 십자형의 변형으로 T자형이다. 십자형에서 가로선을 위로 올려 T 모양이 되게 한 형태다. 이런 노트는 문구점에 나와 있는데, 아래 모양과 같다.

대단원 or 중단원	. .
소단원 or 소주제	
개념정리(중심내용 정리)	보충내용

어떤 학생들은 가운데 세로줄이 그어져 있으면 왠지 불편해 보여 접어서 사용하는 것이 편하다는 학생도 있다.

좌측에는 핵심내용을 정리하고, 우측에는 거기에 따른 보충설명을 정리하는 방식이다. 목차, 핵심, 보충을 정확히 구분할 수 있어 공부하기도 좋다. 가로줄만 있는 노트는 내용을 적다 보면 끝까지 가는 경우가 많지 않다. 따라서 이렇게 세로줄이 있는 노트를 사용하면 알차게 정리할 수 있다. 그렇다고 너무 촘촘하게 정리하지는 말자.

영어의 경우는 문법정리에 활용한다. 왼쪽에 핵심 문법을 적고 오른쪽에는 예문 등 보충설명을 적는다. 국어, 사회, 역사, 과학의 경우도 좌측에 핵심내용을 정리하고, 오른쪽에 보충설명을 적는다. 수학 문제풀이를 적을 때도 공간을 효과적으로 사용할 수 있다.

　수학노트에서 좌측은 핵심을 우측은 보충설명을 적었다. 수학의 경우, 개념에 대한 보충설명은 너무나 잘 알고 있는 사례를 적는 것이 아니다. 약하다고 생각되거나 실질적으로 시험에 강해질 수 있는 사례를 정리해 놓아야 한다.

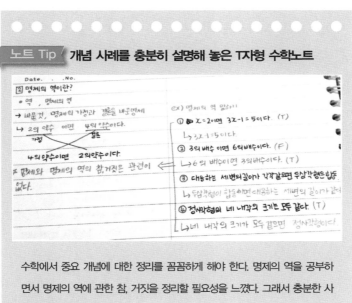

노트 Tip **개념 사례를 충분히 설명해 놓은 T자형 수학노트**

수학에서 중요 개념에 대한 정리를 꼼꼼하게 해야 한다. 명제의 역을 공부하면서 명제의 역에 관한 참, 거짓을 정리할 필요성을 느꼈다. 그래서 충분한 사례를 정리해 놓았다.

아래 영어노트는 단원에서 배우는 문법과 그 문법이 사용된 문장을 본문 속에서 찾아 보충했다. 밑줄 친 부분이 문법 적용된 곳이다.

노트 Tip **문장구조를 분석해 놓은 T자형 영어노트**

영어문법을 이해할 때는 반드시 문장을 통해 정리해 놓아야 한다. 단순히 이런 문장 속에 이런 문법이 적용되었다가 아니라, 위 보충정리에서 보듯이 문장을 쪼개놓아야 한다.

The teen years can be the happiest years of one's life.

the happiest years → the, est로 문장구조를 분석해서 정리해 놓았다.

나머지 문장도 마찬가지다.

위 문장들을 잘 살펴보면서 문장구조 분석 훈련을 하기 바란다.

이번에는 T 모양에서 세로선을 좌측 또는 우측으로 이동한 모양이다. 이런 종류의 노트도 문구점에 가면 있다.

대단원 or 중단원	. .
key word 요약, 보충	소단원 or 소주제
	중심내용(학습목표 포함)

대단원 or 중단원		. .
소단원 or 소주제		key word 요약, 보충
중심내용(학습목표 포함)		

이러한 노트는 목차, 중심내용, key word를 통한 요약(보충)으로 구분된다.

'key word를 통한 요약, 보충' 칸에는 주로 중심내용에서 언급된 주요 단어의 요약이나 빠트린 단어설명 등을 메모해 놓는다. 헷갈리는 내용, 암기내용 등을 간략히 정리하는 공간으로도 사용할 수 있다.

예를 들면 국어에서 전지적 작가 시점의 작품을 배웠다면, 전지적 작가 시점을 알기 쉽게 요약해주는 키워드를 몇 가지 적어 놓는다.

〈작가의 눈, 신의 눈, 작가=화자≠나≠주인공, 홍길동전, 상록수, 눈먼 자들의 도시〉 등을 적는다. 또한 관련 개념인 1인칭주인공시점, 1인칭관찰자시점, 3인칭관찰자시점도 적어놓는다.

수학에서는 명제를 배우고 있다면 명제를 대표하는 키워드를 요약해 놓는다. 또한 관련 개념인 역, 이, 대우도 적어 놓는다.

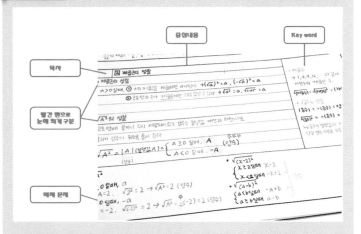

노트 Tip 목차, 중심내용, key word, 예제문제로 구분한 수학노트

❶ 이 노트는 T자형 노트 형태에 아래 칸을 더 만들었다. 직접 프린트해서 사용하는 노트로 중심내용, 키워드, 예제문제로 구분된다.

❷ 수학을 정리하면서 '제곱수'와 '루트A제곱'을 키워드로 뽑아서 정리했다. 중심내용에 등장하는 '제곱수'의 뜻을 보충해서 정리했고, '루트A제곱'의 성질을 좀 더 설명해 놓았다. 아래 부분은 예제 문제를 정리해 놓았다.

만일 이러한 노트를 '수학 문제풀이 노트'로 활용할 경우, 왼쪽이나 오른쪽 공간을 문제집의 페이지를 적는 용도로 활용해도 된다.

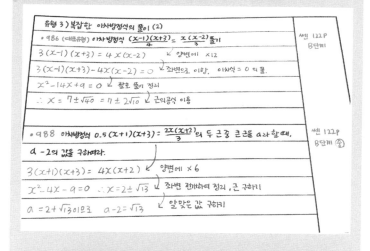

유형 3) 복잡한 이차방정식의 풀이 (2)

• 986 (대표유형) 이차방정식 $\frac{(x-1)(x+3)}{4} = \frac{x(x-2)}{3}$ 풀기

$3(x-1)(x+3) = 4x(x-2)$ ← 양변에 ×12

$3(x-1)(x+3) - 4x(x-2) = 0$ ← 좌변으로 이항, 이차식 = 0 의 꼴.

$x^2 - 14x + 9 = 0$ ← 괄호 풀어 정리

$\therefore x = 7 \pm \sqrt{40} = 7 \pm 2\sqrt{10}$ ← 근의공식 이용

센 122P
B단계

• 988 이차방정식 $0.5(x+1)(x+3) = \frac{2x(x+2)}{3}$의 두 근중 큰 근을 a라 할때,

$a - 2$의 값을 구하여라.

$3(x+1)(x+3) = 4x(x+2)$ ← 양변에 ×6

$x^2 - 4x - 9 = 0$ $\therefore x = 2 \pm \sqrt{13}$ ← 좌변 전개하여 정리, 근 구하기

$a = 2 + \sqrt{13}$이므로 $a - 2 = \sqrt{13}$ ← 알맞은 값 구하기

센 122P
B단계 ⓒ

왼편에 문제, 오른편에 문제집의 페이지를 메모해 놓았다. 주로 나중에 다시
풀어봐야 할 문제 페이지를 적어둔다. 문제를 해결하는 과정에서 필요한 설명
은 눈에 띄게 파란색 펜을 활용했다.

　

　이번에는 역사를 정리하면서 좀 더 부연설명이 필요한 3개의
key word를 메모해 놓았다. 중심내용 정리에서 빠진, 수공업 형
태의 변화에서 나오는 용어인 '선대제'의 간략한 뜻을 메모했다.
그밖에 '잠채'와 '금난전권'의 뜻도 메모해 놓았다.

노트 Tip 목차, 중심내용, key word로 구분한 역사노트

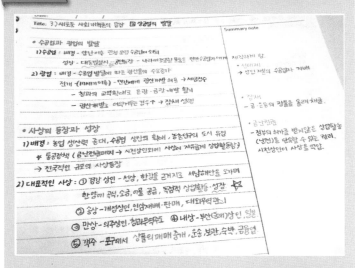

❶ 위의 노란색으로 별 표한 '대동법 실시'는 선생님이 몇 번 강조한 것이고, 중간에 별 표한 '통공정책'과 '경강상인'도 잘 알아두라고 한 내용이다. 특히 통공정책과 금난전권의 관계를 이해해야 한다고 했다. 이렇게 수업시간에 집중해서 선생임의 강조 정도를 파악할 줄 알아야 한다.

❷ 수공업을 설명하면서 얘기한 '선대제'를 메모했고, 은광과 금광 얘기할 때 언급한 '잠채'를 메모했다. 또한 통공정책을 설명할 때 등장한 '금난전권'을 교과서를 보고 메모했다.

❸ 역사는 생소한 용어가 많기 때문에 전체적으로 핵심용어에 포인트를 주거나 색깔을 달리해서 눈에 띄게 정리했다.

전형적인 십자형은 수학 오답정리 할 때 활용하면 좋다. 다른 과목도 오답정리를 한다면 사용해도 무난하다. 틀린 이유와 보충 개념정리를 꼼꼼하게 정리하자. 실수 했으면 왜 실수 했는지를, 몰랐다면 무엇을 몰랐는지를 구체적으로 정리해 놓자. 꼭 오답이 아닌 해결과정이 까다로웠던 문제를 정리해도 된다.

소단원(or 주제)①②③④⑤	. .
문제	풀이과정
〈출처 : 〉	
개념 확인 및 유형정리	틀린(헤맨) 이유

소단원 옆에 있는 번호는 반복한 횟수를 의미한다. 2번 반복했으면 ②에 색칠을 해 놓으면 된다. 출처는 문제가 실려 있는 교재와 페이지를 적으면 된다.

역사 - 1학기 중간고사 오답정리

※6) 다음과 같은 정치가 운영되던 시기에
살았을 사람들이 대화로 적절하지 않은 것은?
　　일정과 힘의 관계를 이용 소수의 계층이
　　친족을 동원하는 비정상적인 정치가 행해졌다.　　→ 세도 정치

① 관리가 되려고 공부하면 뭐하나, 안동김씨의 연줄이
　　없으면 벼슬 할 수가 없을세.　　① ✓ 안동 김씨, 풍양 조씨가 권력 독점

② 관찰사 자리는 5~6만냥, 수령자리는 2,3만 냥이라네.　　② ✓ 관찰사 (지방) : 5~6만냥
　　인맥이면 살 수 있다던데 자네 돈은 있는가?　　　수령 (사또) : 2~3만냥에 매관매직

③ 그걸 돈이 어디있는가, 산 2마지기 가졌으면　　③ ✓ 공덕(수의) 매단 (백골징수)
　　돌아가신 아버지의 군포를 내라하네 귀가 막히네

④ 관가에서 제대로 밝혀줄 곳이 거기서 성화같으니　　④ ✓ 고려대 처럼 운영됨 환곡.
　　온전한 쌀도 아까지가 붙어서 끓여야 하니 갑갑하네

⑤ 에휴... 이렇게 먹고 살 힘들어 관리들은　　　　X = 예송 (붕당정치 변질의 시발점 하나)
　　대비의 상복입은 문제를 두고 싸움이나 하다니...　　⑤ 현종때 발생했으므로 세도정치 운영 시기 X

〈같은 시기에 일어난 사건 알기〉　　관찰사 (지방)과 수령 (사또)를 다르게
〈사건별 정확한 내용 파악〉　　알고 있었음. (교과서 밑에 설명에 나와있었음)
　　　→ 수령이 편리하는 지방 관리가 더 많은냥을
　　　　받고 판매되었음.

출처: 중간고사 역사 시험지

❶ 문제집 문제가 아닌 학교 시험지를 가지고 오답정리 했다. 중간, 기말시험이 끝나면 미루지 말고 바로 틀린 문제를 분석 해야 한다.

❷ 각 과목 오답정리를 해서 시험지 앞에 붙여놓고 보관을 하자. 나중에라도 좋은 자료가 된다.

❸ 틀린 이유를 명확히 분석해서 정리했다. 또한 '같은 시기에 일어난 사건'을 알고, '사건별 정확한 내용'을 파악해야 한다는 것을 깨닫고 관련개념과 문제의 유형을 이해하게 되었다.

취향에 따라서는 백지노트에 요점을 정리하는 학생도 있지만 대개는 선이 있는 스프링노트를 많이 선호한다. 각 과목을 정리하는 경우에 이미지(그림, 사진, 도표, 지도 등)와 연결시키는 내용이 있다. 특히 과학, 사회, 역사 과목은 더욱 그렇다. 가로줄이 있는 노트는 이미지를 그리는 데 불편하다. 그러한 점에 착안해서 아래와 같은 노트를 활용하면 좋다. 왼쪽 개념정리 칸을 절반보다 조금 더 넓게 만들어서 프린트해 사용하면 된다. 보충내용이 여러 개인 경우는 화살표로 연결해 놓으면 된다.

대단원 or 중단원	. .
소단원 or 소주제	
→	
개념정리(중심내용정리)	
	보충내용(이미지)
→	

과학 '세포분열과정'을 오른쪽에 그림으로 정리했다. 선이 없어 그림이 말끔해 보인다. 중심내용에는 학습목표를 먼저 적고 정리해 나갔다.

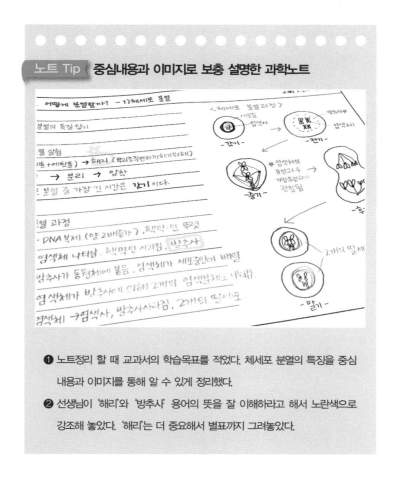

노트 Tip 중심내용과 이미지로 보충 설명한 과학노트

❶ 노트정리 할 때 교과서의 학습목표를 적었다. 체세포 분열의 특징을 중심
   내용과 이미지를 통해 알 수 있게 정리했다.

❷ 선생님이 '해리'와 '방추사' 용어의 뜻을 잘 이해하라고 해서 노란색으로
   강조해 놓았다. '해리'는 더 중요해서 별표까지 그려놓았다.

역사를 보자. 교과서에 있는 '사상의 등장' 자료를 오른쪽에 붙여놓았다. 이것은 선생님이 강조한 자료다. 이와 함께 '조선후기의 상업 활동'에 해당하는 이미지도 붙여 놓았다.

노트 Tip **중심내용과 자료, 이미지로 설명한 역사노트**

❶ 교과서의 자료를 적절하게 활용했다. 역사 교과서의 자료는 역사의 흐름 및 사건들의 관계를 이해하는 데 유용하다. 자료를 통해 사상과 장시의 관계를 이해할 수 있다.

❷ 지도를 활용했다. 역사 교과서에 등장하는 지도는 꼼꼼히 해석할 줄 알아야 한다. 지도가 담고 있는 주제(개념)를 비롯해서 구체적으로는 지명, 화살표, 색깔 구분 등을 이해하고 기억해야 한다.

종이 위의 창조기술
필기구

　노트정리 할 때, 필기구는 민감한 도구다. 사용이 편하고 부드러워야 한다. 쓰다가 끊기고, 잉크가 번지고, 노트 뒷장에 비치면 정리 하는데 짜증이 난다. 요즘은 필기구가 워낙 다양하고 좋아져서 학생들이 자신의 취향에 맞게 골라서 사용한다. 글자 두께도 다르고, 잉크 소모량도 다르고, 가격도 달라, 꼼꼼한 학생들은 자신에게 맞는 볼펜을 고르는 데도 신중하다.

　노트정리에서 필기구는 쓰기에 따라서 세 가지의 기본 펜과 두 가지의 보충 펜이 필요하다. 첫 번째는 제목, 주제, 이미지, 밑줄, 박스 등의 두꺼운 글씨에 사용하는 펜이 있어야 한다. 두 번째는 주로 사용하게 되는 펜으로 개념을 정리하는 부드러운 펜이다. 세 번째는 작은 글씨를 쓸 때 사용하는 펜이다. 네 번째는 연습장에 쓰면서 외울 때 사용하는 펜이 있어야 한다. 즉 연습장용 펜을 말한다.

다섯 번째는 강조할 때 사용하는 형광펜이다.

첫째, 두꺼운 글씨에 사용하는 펜

라이브컬러 펜이 있는데, 총 36가지 색으로 되어 있다. 보통은 5가지 색, 10가지 색을 많이 사용한다. 트윈구조의 두 가지 두께로 구성되어 있고, 굵은 펜은 덧칠, 색칠, 채점, 밑줄, 강조할 때 사용하면 좋다. 물론 이미지를 그릴 때도 사용하면 효과적이다. 단점은 한곳에 집중적으로 칠하다 보면 종이가 벗겨지기도 한다. 얇은 펜은 상대적으로 개념을 정리할 때 사용하면 좋다.

이밖에 아쿠아플러스펜이나 사라사 0.7도 비슷한 용도로 활용된다. 젤리롤도 있는데 색이 진해서 눈에 띈다.

반면에 가격이 비싸고 잉크가 빨리 소모되는 특성이 있다. 메모리 펜도 박스, 강조, 줄긋기, 체크 표시할 때 사용하면 효과적이다.

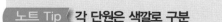

노트 Tip ｜ 각 단원은 색깔로 구분

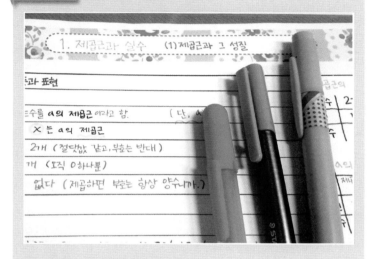

대단원은 라이브컬러 하늘색을 사용했고, 중단원이나 소단원은 파인라이너 라벤더색을 사용했다. 주제는 젤리롤 빨간색을 사용했다. 이렇게 단원과 주제를 적는 펜과 색깔에 자기 나름대로의 원칙을 정해놓으면 일관성도 있고 보기도 좋다.

둘째, 개념정리에 좋은 펜

사라사 0.4가 있다. 부드럽게 써지고 그립(grip)감이 좋다. 색깔이 연해서 부수적인 내용을 필기하기도 좋다. 단점은 잉크가 늦게 마르는 편이라 교과서같이 매끄러운 종이에는 안 좋다. 시그노 DX 0.38은 노트정리 할 때 좋고, 0.28은 교과서에 정리하기 좋다. 스라리 0.5를 비롯해서 제트스트림 0.5, 하이테크 0.4, 스테들러펜도 필기감이 부드럽고 정리하기 좋다.

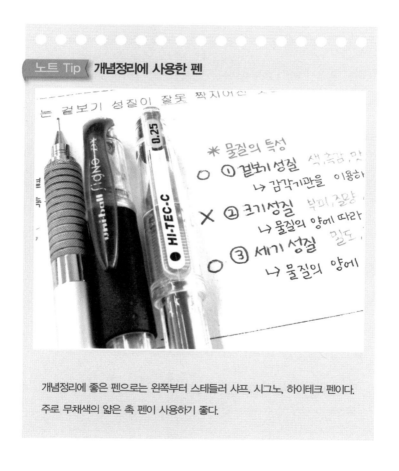

노트 Tip **개념정리에 사용한 펜**

개념정리에 좋은 펜으로는 왼쪽부터 스테들러 샤프, 시그노, 하이테크 펜이다. 주로 무채색의 얇은 촉 펜이 사용하기 좋다.

셋째, 작은 글씨에 좋은 펜

스타일핏 0.28, 0.38이 있다. 바디와 리필심이 따로따로 되어 있다. 한 가지 색 펜도 있고, 세 가지 색이 한꺼번에 있는 펜도 있다. 얇아서 많은 내용을 쓸 수 있다. 0.28은 아주 작은 글씨를 쓸 때 좋다. 너무 얇아서 힘주어 쓰다보면 종이가 찢길 수도 있다. fine tech 0.3, 0.25, 미피펜 0.3도 작은 글씨 쓸 때 사용한다. 0.5는 잉크가 굵어 본문보다는 간단한 메모를 하기에 좋고, 번지는 효과가 있어서 밑줄 칠 때도 좋다.

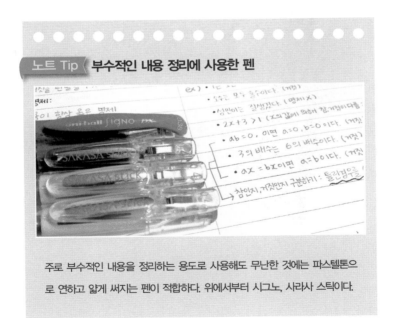

노트 Tip 〈 부수적인 내용 정리에 사용한 펜

주로 부수적인 내용을 정리하는 용도로 사용해도 무난한 것에는 파스텔톤으로 연하고 얇게 써지는 펜이 적합하다. 위에서부터 시그노, 사라사 스틱이다.

넷째, 연습용으로 쓰기에 좋은 펜

제이롤러 RX 0.5, 0.7은 연습장에 쓰면서 외울 때 효과적이다.
연습용으로 사용할 수 있는 펜은 종류가 많다.

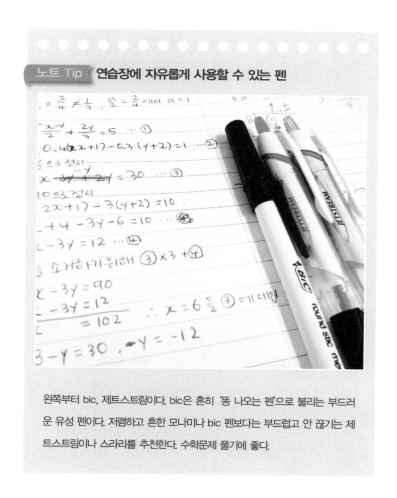

노트 Tip · 연습장에 자유롭게 사용할 수 있는 펜

왼쪽부터 bic, 제트스트림이다. bic은 흔히 '똥 나오는 펜'으로 불리는 부드러
운 유성 펜이다. 저렴하고 흔한 모나미나 bic 펜보다는 부드럽고 안 끊기는 제
트스트림이나 스라리를 추천한다. 수학문제 풀기에 좋다.

다섯째, 강조할 때 사용되는 펜

　형광펜은 노란색과 분홍색이 무난하다. 마르기를 기다려야 하는 액체 형광펜보다는 고체 형광펜이 사용하기 편하다. 색연필도 강조할 부분에 칠해놓으면 눈에 띈다.

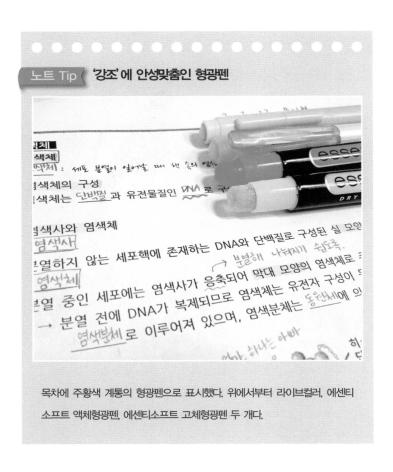

노트 Tip　'강조'에 안성맞춤인 형광펜

목차에 주황색 계통의 형광펜으로 표시했다. 위에서부터 라이브컬러, 에센티소프트 액체형광펜, 에센티소프트 고체형광펜 두 개다.

포스트-잇과 그 밖의 도구들

노트정리에 사용할 때 포스트-잇은 작은 것 보다는 큰 것이 실용적이다. 색깔이 너무 진한 것은 글씨가 잘 안 보인다.

15cm 자는 구분선이나 이미지를 그릴 때 필요하다. 지우개는 돌려 심는 지우개가 좋다. 가루가 많이 안 날리고 더러워지지 않기 때문이다. 수정테이프도 챙겨야 한다.

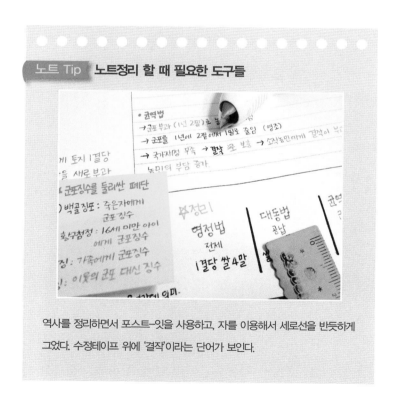

노트 Tip **노트정리 할 때 필요한 도구들**

역사를 정리하면서 포스트-잇을 사용하고, 자를 이용해서 세로선을 반듯하게 그었다. 수정테이프 위에 '결작'이라는 단어가 보인다.

포스트-잇 사용에 따른 노트정리의 변화

　포스트-잇은 노트정리에 적절한 변화를 주는 도구이다. 포스트-잇을 어떻게 활용하느냐에 따라서 노트가 지저분해 보일 수도 있고, 가치 있게 보일 수도 있다. 색깔과 크기를 적절하게 고려해서 사용해야 한다.

　포스트-잇 사용 시에 효과적인 방법은 필기구 색깔과 포스트-잇 색깔을 맞추는 방법이다. 예를 들면, 노트에 일반적으로 정리하는 색깔은 검정색, 선생님이 강조한 내용은 빨간색(or 빨간 별표), 자습서의 보충내용은 파란색으로 정리했다고 하자. 시험이 다가오면서 선생님이 강조한 내용을 추가하는 경우에 옅은 분홍색의 포스트-잇을 활용하자. 너무 빨간색은 글자도 잘 안 보이고 튄다. 보충할 내용이 더 생기면 이번엔 옅은 푸른색(녹색도 가능) 계통의 포스트-잇을 사용하면 된다. 그밖에 이해가 어려

운 내용, 외워야할 내용, 다시 확인해야 할 내용 등은 노란색 포
스트-잇을 활용하면 된다. 포스트-잇 사용도 세 가지 색 정도
가 무난하다.

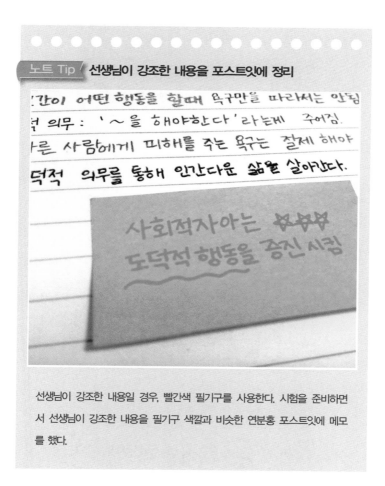

노트 Tip / 선생님이 강조한 내용을 포스트잇에 정리

선생님이 강조한 내용일 경우, 빨간색 필기구를 사용한다. 시험을 준비하면
서 선생님이 강조한 내용을 필기구 색깔과 비슷한 연분홍 포스트잇에 메모
를 했다.

보충내용도 필기구 색깔과 맞추어 녹색 포스트-잇에 정리했다. 보충내용으로 '사회적 측면'인 이유를 에메랄드색 펜으로 썼다.

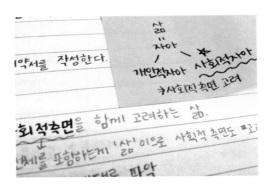

이해를 돕기 위한 내용으로 노랑 포스트-잇을 사용했다. 정리한 공식이 나오는 이유를 식으로 써서 이해를 돕고 있다.

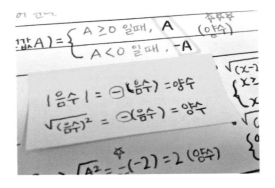

다음은 노트정리에 필요한 여러 가지 포스트-잇을 모아 놓은 것이다.

대개는 중요하거나 보충할 내용 때문에 포스트-잇을 사용한다. 하지만 노트, 교과서, 유인물을 좀 더 이해하기 쉬운 내용으로 설명하기 위해서도 포스트-잇을 내용 위에 붙여 사용한다.

예를 들면 아래의 내용을 이해하기 쉽게 정리할 필요성을 느꼈다고 하자.

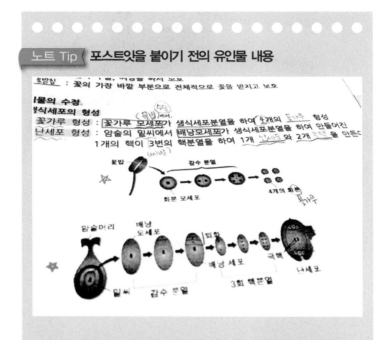

노트 Tip ▶ 포스트잇을 붙이기 전의 유인물 내용

과학 유인물에서 식물의 수정 중, 생식세포의 형성에 대한 내용이다. 공부가 진행되면서 '꽃가루 형성'과 '난세포 형성'을 구체적으로 비교해서 정리할 필요성을 느끼게 되었다. 이때 포스트잇을 사용해서 정리할 수 있다.

유인물의 '생식세포의 형성' 위에 포스트—잇을 사용해 표로 정리해 붙여 놓았다.

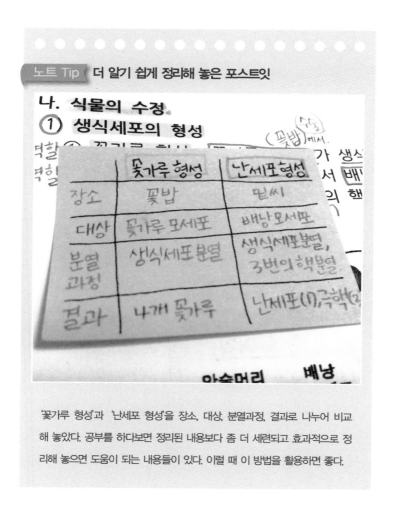

노트 Tip 더 알기 쉽게 정리해 놓은 포스트잇

'꽃가루 형성'과 '난세포 형성'을 장소, 대상, 분열과정, 결과로 나누어 비교해 놓았다. 공부를 하다보면 정리된 내용보다 좀 더 세련되고 효과적으로 정리해 놓으면 도움이 되는 내용들이 있다. 이럴 때 이 방법을 활용하면 좋다.

역사 과목을 예로 하나 더 들어 보자. 포스트–잇을 붙이기 전의 내용은 이렇다.

포스트잇을 붙이기 전의 노트 내용

- **붕당의 형성과 전개**
  1) 붕당정치 : 사람들이 공론을 ... 세력과 ... 바탕으로 ...
  2) 정치 주도권 변화 : 선조 때 동인과 서인으로 분열 → 동인이 다
      남인과 북인으로 분열 → ... 때 북인집
  3) 붕당정치 전개 : 인조반정 이후 서인이 주도, 남인 정치 참여
      → 상대 당의 존재 인정, 서로의 정책 비판

- **붕당정치의 변질**
  1) 대립 심화 : ① 예송 – 현종 때 두 차례의 예송
      ② 환국 – 숙종 때 세 차례의 환국 발
      → 상대붕당에 대한 보복, 탄압역
  1) 결과 : 정치기강의 문란, 특정붕당의 권력 독점

역사에서 '붕당'에 대한 내용이다. 붕당의 전개과정은 상당히 복잡하다. 동인, 서인, 남인, 북인 등 여러 파벌이 등장하면서 헷갈린다. 노트에 정리해 놓았지만, 외우기 쉽게 정리할 필요성을 느꼈다.

위 '붕당'에 대한 내용 중 '붕당의 갈래'를 이해하기 쉽게 포스트-잇 위에 정리해서 붙여 놓았다.

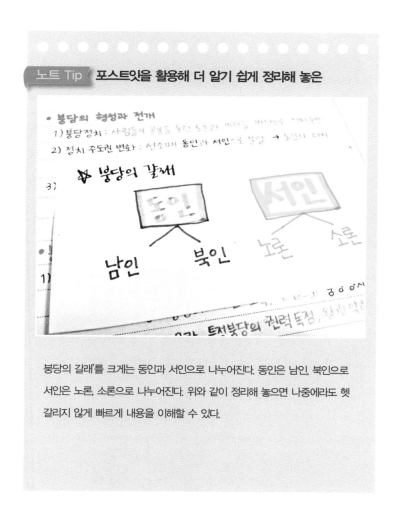

노트 Tip 포스트잇을 활용해 더 알기 쉽게 정리해 놓은

붕당의 갈래'를 크게는 동인과 서인으로 나누어진다. 동인은 남인, 북인으로 서인은 노론, 소론으로 나누어진다. 위와 같이 정리해 놓으면 나중에라도 헷갈리지 않게 빠르게 내용을 이해할 수 있다.

밑줄, 블럭, 세모, 동그라미로 변화를 주어라

   노트정리 하면서 또는 정리해 놓은 노트로 복습할 때, 밑줄을 치는 경우가 있다. 주로 핵심이라고 생각하는 단어와 내용에 밑줄을 긋는다. 때로 동그라미, 네모를 치기도 하고 형광펜으로 블럭을 칠하기도 한다. 이러한 변화는 아무런 표시를 해놓지 않는 것보다는 기억을 쉽게 하는 장점이 있다. 즉 복습이 진행될 때마다 흔적을 남겨야 과거에 공부했던 내용을 더 잘 기억한다. 도형과 색깔을 사용하더라도 의미 있게 사용해야 한다.

↳ 현실 개혁론

1) 이전의 학문 : 성리학 (이상적 학문, 중국 중심) . 나율

→ 국제정세 변화, 새로운 사회에 저대등

⇒ 당시 사회변동에 따른 문제점을 찾아

● 농업 중심의 개혁론

(1) 중농학파 : 이익, 유형원, 정약용과 같은 정치에

(2) 주장 : 토지제도 개혁 주장

① 유형원 - 균전론 : 신분에 따라 토지지급

② 이익 - 한전론 : 영업전에 한해서

③ 정약용 - 여전론 : 마을단위로 1여를

상공업 중심의 개혁론

핵심주제인 '중농학파'에 붉은색 블럭을 눈에 띄게 칠했다. 중농학파의 주요
인물들은 푸른색 도형과 밑줄을 사용해서 변화를 주었다. 각 인물이 주장한
제도는 색깔을 달리해서 노란색으로 구분해주었다. 즉 학파, 인물, 제도를 뚜
렷하게 구분했다.

이번에는 사회를 보자.

노트 Tip 핵심어에 도형과 색깔로 변화를 준 사회노트

I. 자원의 개발과 이용 → 1. 자원이란?

① 자원의 의미와 특성

• 자원의 의미
  1) 의미 : 자연의 물질가운데 인간에게 [유용]하게 이용되는 모든
         인간의 기술로 개발·이용가능, 경제적 가치가 있
  2) 구분 : • 좁은의미의 자원 (천연자원) • 넓은 의미의 자
         • 재생 불가능 자원, 재생 가능 자원

• 자원의 특성
  1) 가변성 : 자원의 가치가 기술발달, 산업화, 사회·문화
  2) 편재성 : 자원이 일부지역에 집중되어 분포하는
  3) 유한성 : 자원의 매장량이 한정 되어있어 사용

소주제를 빨간색으로 통일했고, 주제를 분류하는 기준에 노란색 도형을 사용
했다. 특히 '자원의 의미'보다는 '자원의 특성'이 보다 중요해서 '자원의 특
성'에 블럭을 설정했다. 이렇게 각 주제에 해당하는 핵심단어를 찾아 눈에 띄
게 정리해 놓으면 연결과 이해가 빠르다.

이왕이면 공통점, 차이점, 분류 등의 내용을 정리하는 경우에 색깔이 다른 도형으로 효과를 높일 수 있다.

예를 들면, 두산동아 2학년 과학에서 〈우리 주위의 화합물〉 단원에서 '물질은 순물질과 혼합물로 구분된다.'라는 주제가 있다. 이 주제의 요지는 물질에는 순물질과 혼합물이 있음을 사례를 들어 설명하고 있다. 혼합물은 다시 균일 혼합물과 불균일 혼합물로 나누어진다.

우선, 순물질은 세모, 혼합물에는 네모 박스를 친다. 같은 개념끼리는 같은 도형을 사용한다. 이렇게 하면 비교가 쉽다. 혼합물에서 균일 혼합물과 불균일 혼합물은 네모박스를 친 다음에 다른 모양으로 구분을 해준다. 색깔을 달리해도 좋다.

교과서를 통해 표시해 보면 다음 장과 같다. 이렇게 표시된 것을 기본으로 노트정리를 하면 된다.

다른 도형과 모양으로 내용을 구분해 놓은 과학 교과서

...질과 혼합물로 구분된다.
...존재하는 물질들은 한 가지 물질로 이루어져 있을 것 같지만 대부분은 두
...물질이 섞여 있는 상태로 존재한다. 간편하게 커피를 마시기 위해 커피
...뜻한 물에 넣으면 따뜻한 커피 한 잔이 만들어진다. 커피 믹스는 간단히
...펴보아도 인스턴트 커피, 설탕, 크림 가루가 섞여 있음을 알 수 있다.
...순물질이지만 커피나 크림 가루는 여러 가지 성분이 섞여 있는 물질을 혼합
물이라고 한다.
    우리 주변의 물질은 모두 순물질과 혼합물로 분류할 수 있다. 실험실
의 약품장에 있는 시약병 안의 물질들은 대부분 한 가지 종류의 물질
로만 이루어진 순물질이다. 그러나 간장이나 공기 수돗물 등과 같이
가지 물질처럼 보이지만 실제로는 여러 가지 물질이 섞여 있는 혼합물인
...시 균일 혼합물과 불균일 혼합물로 나눌 수 있다. 설탕물과 같이 성분
...량이 고르게 섞여 있는 것을 균일 혼합물이라고 하고,
...이 고르게 섞여 있지 않은 것을 불균일 혼합물이라고 한다.

❶ 순물질에 해당하는 설탕은 파란 세모를 해놓았다. 혼합물에 해당하는 커
피, 크림 가루는 빨간 네모를 해놓았다. 균일 혼합물과 불균일 혼합물은 다
른 모양의 도형을 칠해놓았다.

❷ 다른 과목도 마찬가지다. 국어의 경우는 소설에서 인물들의 성격을 구분해
줄때도 사용하면 된다. 시의 경우는 같은 시어끼리 짝을 지을 때도 이렇게
구분해두면 눈에 띤다. 이런 식으로 구분을 하면 연결과 이해가 동시에 된
다. 블럭을 칠할 때는 연한 밝은 색의 고체 형광펜이나, 발광도 뛰어나고 오
랜 기간 색상이 보존되는 스타빌로 스윙클 종류의 펜이 좋다.

명료하게 정리하고, 내용 구분하고, 이미지로 시각화 하라

인터뷰를 해보면 학생들도 인정할 만큼 교과서는 학생들이 보기 쉽게 편집되어 있다. 그만큼 두뇌효과를 고려해서 제작된 책이다.

제목과 소단원을 굵고 크게 뽑고, 여백을 충분히 주고, 다수의 관련 이미지로 이해를 돕고 있다.

이런 구조는 신문도 마찬가지다. 신문을 보면 헤드라인을 크게 하고, 내용에 따른 구분을 명확히 해서 눈에 잘 띄고, 자세히 읽지 않고도 제목만 봐도 무엇을 말하는지 어느 정도는 이해할 수 있다.

교과서 구조와 신문 구조를 잘 살펴서 거기에 맞게 노트정리를 하면 좋겠다는 생각이 들어서 연구를 시작했다.

● 명료하게 정리하자.

줄글이 아닌, 군더더기를 뺀, 핵심어를 기준으로 해서 정리해야
한다. '습니다'를 비롯해서 '은, 는, 이, 을, 를' 등의 조사도 모두
생략한다. 불필요한 글을 줄여 경제적으로 정리해야 한다.

명료하게 정리하는 데는 약자를 사용해도 좋다. 스피드하게
정리할 때도 효과적이다. 자기 나름대로의 약자를 만들어 놓으
면 된다.

예를 들면, 수학에서 문제풀이 과정에서 해답(solution) 대신에
sol이라고 쓴다. 핵심 포인트는 pt(point), 사례는 ex(example), 왜
냐 하면의 경우는 bc(because), 그리고는 &으로 줄여 쓴다. 선생
님 강조는 t☆ 또는 t※이다. 이해 안 되는 내용은 un× 등으로
정해서 사용한다.

'약자'를 사용해서 정리한 사회노트

Ⅳ. 세계속의 우리나라 - (3) 독도
① 독도는?
• 독도의 위치와 자연환경
1) 위치: 경상북도 울릉군 울릉읍 독도리에 있는 섬 [최동쪽] P4 부
2) 자연환경: 해저에서 솟은 용암이 굳어져 형성된 화산섬 (서도+동도 + 89개의 부속도서)
    ① 기후 - 일교차와 연교차가 작은 **해양성 기후**
    ② 강수량 - 일 년 내내 고르게 분포 - 강수량 ↑
• 독도의 █████ 가치
1) 경제: 어족 자원의 풍부(bc. 조경수역), 에너지자원의 풍부 (ex. 메탄 하이드레이트)
2) 군사: 군사적 요충지 & 항공 및 방어 기지로 중요 (우리나라 최동쪽)
3) 상징: 애국심, 국토 상징

❶ 노트정리 하면서 pt, bc, ex, &, 화살표를 사용하였다. pt는 point, bc는 because, ex는 example를 뜻한다.

❷ 독도의 위치에서 구체적 주소가 아닌 우리나라 '최동쪽'이라는 것이 포인트(pt)다. 어족자원이 풍부한 이유가 조경수역(한류난류교차지역)이기 때문에 bc를 사용했다.

● 내용을 구분하자.

내용이 구분되는 곳에서는 한 줄을 띄운다. 내용 구분에는 번호, 글씨의 색깔, 크기 등으로 효과를 줄 수 있다. 번호를 매겨 정리

하면 순서도 알기 쉽고, 구분도 명확해진다. 소주제마다 색깔과 크기를 달리해도 구분이 된다.

● 이미지로 시각화 하라

컴퓨터 용어 중에 듀얼 코딩(Dual Coding)이라고 있는데, 이중부호화를 말한다. 쉽게 말하면 머리가 두 개라고 생각하면 된다. 하나의 방에 머리가 두 개다. 이러한 듀얼코딩을 인간의 두뇌 정보처리에 활용하면 그 효과가 크다는 것으로, 단어와 그림으로 기억된 정보가, 단어만으로 혹은 그림만으로 기억된 정보보다 우월하게 재생된다고 보는 것이다. 따라서 공부할 때, 언어정보와 시각정보를 같이 활용하는 것이 공부효과를 높인다.

노트정리 할 때도 글자와 이미지(그림, 사진, 그래프, 도표 등)를 적절하게 혼합해서 정리한다. 글자와 이미지를 적절하게 사용해서 정리해야 두뇌가 좋아한다. 내용과 관련된 중요 이미지는 그려놓던가, 복사해서 붙여 놓자. 복잡한 이미지는 붙여야겠지만 가급적 그릴 수 있는 것은 손으로 그리면 더욱 이해하기 쉽다. 또한 내용이 복잡하거나, 일정한 흐름이 있는 경우에 그림으로 그려서 기억하기 쉽게 하는 방법도 있다. 글을 그림으로 바꾸는 것이다.

구분하고, 번호 매기고, 이미지로 시각화한 역사노트

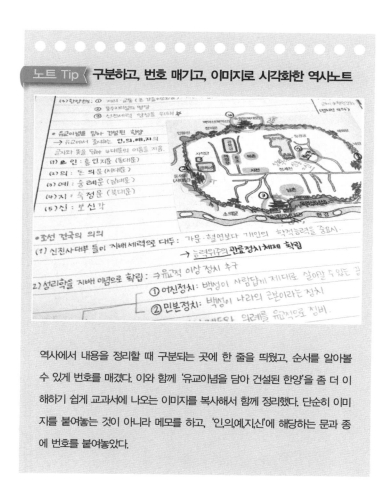

역사에서 내용을 정리할 때 구분되는 곳에 한 줄을 띄웠고, 순서를 알아볼 수 있게 번호를 매겼다. 이와 함께 '유교이념을 담아 건설된 한양'을 좀 더 이해하기 쉽게 교과서에 나오는 이미지를 복사해서 함께 정리했다. 단순히 이미지를 붙여놓는 것이 아니라 메모를 하고, '인.의.예.지.신'에 해당하는 문과 종에 번호를 붙여놓았다.

chapter
03

용어정리와
목차 구조화

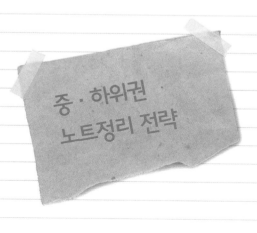

중 · 하위권
노트정리 전략

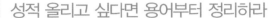

No Pain, No Gain
성적 올리고 싶다면 용어부터 정리하라

무엇인가를 얻기 위해서는 노력을 해야 한다. 노트정리도 마찬가지다. 노트를 노련하게 정리하기 위해서 제일 먼저 무엇부터 시작해야 할까? 그것은 바로 용어정리다.

배워야 할 단원 또는 배우고 있는 단원의 기본적인 용어부터 정리해보자. 노트정리의 기초체력은 용어 이해다. 교과서에 나오는 개념의 90%는 용어(단어=낱말=어휘)에서 출발한다. 용어에 대한 이해가 있어야 주요 개념을 체계적으로 정리하기가 수월하다.

역사 과목은 생소한 용어가 많고 정리하기도 만만치 않다. 역사에서 〈삼국의 성립〉 단원을 보면, 고구려, 백제, 신라의 성립과 발전에 관한 내용이 나온다. 동가강, 졸본, 석촌동 돌무지무덤 등

익숙하지 않는 지명에서부터 환도산성, 돌무지무덤 등의 유적을 비롯해서 5부, 부여씨, 계루부, 마립간, 담로, 상좌평 등의 생소한 용어가 등장한다. 또한 고국천왕, 미천왕, 고이왕, 내물왕 등의 여러 왕들이 소개된다.

이러한 용어들이 삼국의 어느 나라와 관련된 용어들인지 헷갈리지 않게 정리해야 하는데, 뜻만 정리하지 말고 시간이 걸리더라도 교과서나 자습서의 자료를 찾아보거나, 한자를 적어 뜻을 이해하거나, 그림을 그리면서 정리하자.

예를 들면 고구려가 나라의 기틀을 마련하는 과정에서 '졸본'이 등장한다. 교과서에서는 고구려의 수도가 졸본에서 국내성으로 이동했다는 내용만 등장한다. 졸본이 지금의 어디쯤인지 직접 지도에서 위치를 찾아보도록 하자.

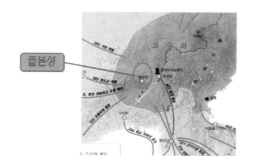

지도에는 낯익은 용어도 등장하고 전혀 모르는 용어도 등장한다. 이렇게 지도를 찾아서 정리해 놓으면 역사공부를 효과적으로 할 수 있다. 비록 지도를 찾는데에 시간이 걸리나 절대 아깝지 않게 된다.

노트 Tip **용어를 간략히 정리해 놓은 국어노트**

> 2) 지시문: 인물의 행동이나 표정등을 지시하고 인물의 심리, 배경, 장면의 것들을 설명함
>
> 3) 해설: 등장인물, 배경등을 시나리오 첫머리에 소개한 글
>
> ③ 시나리오의 용어
>
> 1) S# : Scene number) 장면번호
> 2) FI : Fade-in) 화면 밝아짐
> 3) FO : Fade-Out) 화면 어두워짐
> 4) CU : Close-up) 화면 장면확대
>
> 5) OL : Over-lap) 다른화면이 겹쳐진 것
> 6) Ins : Insert) 삽입
> 7) 몽타주 : 따로촬영한 화면들 페이블
> 8) E : Effect) 효과

❶ 시나리오 관련 단원을 배우면서 시나리오 용어를 간략히 정리해 놓았다.

❷ 예습하면서 어떤 개념들이 등장하는지 정리해 보면 좋을 듯하고, 완벽히 이해하려고 하지 말자. 잘 모르면 모르는 데로 넘어가자. 수업도 있고 복습도 있다. 반복하면서 이해하면 된다.

❸ 단원이 시작되기 전에, 한 페이지 정도를 항상 용어정리 하는데 습관을 들여 보자.

용어정리만 잘해도 학습능력의 향상이 바로 나타난다. 특히 사회, 역사, 과학 과목은 더 그렇다.

이 단원에서는 이런 용어들이 등장하고 이런 뜻을 가지고 있구나.'를 충분히 이해하고 정리해야 한다. 성적이 낮으면 낮을수록 용어정리에 시간을 투자해야 한다. 이러한 단계를 지나면 용어정리에 대한 시야를 넓혀야 한다.

이렇게 기본적으로 용어의 뜻을 정리하는 것이 우선이고, 다음으로 중심 용어와 관련된 용어들을 정리하는 것이 필요하다. 이것을 잘해야 한다.

이 과정은 수준 높은 용어정리를 의미한다. 과학 교과서로 예를 들어 보겠다.

염분에 대한 내용이다. '염분=소금'을 정리하는 것이 아니다. 읽어보면 '염분을 변화시키는 네 가지 요인'을 이해하고 정리하는 것이다.

관련 내용은 화살표를 사용해서 알기 쉽게 표시했다. 형광펜이 칠해진 내용 위주로 간략히 노트에 정리하면 된다.

노트 Tip 과학교과서에 '염분의 변화요인' 용어 이해 및 표시

❶ 무엇을 설명하는지를 이해하고 글의 구조를 파악한다.

❷ 염분의 변화요인에 대한 내용이다. 변화요인 네 가지를 제시하고 있고, 변화요인의 실질적인 사례를 들어 설명해 주고 있다.

❸ 변화요인 네 가지 용어 위에 번호를 매기고 블럭을 표시했다. 네 가지 중에서 강수량에 해당하는 설명을 화살표로 연결했다. 강물의 유입에 대한 설명도 화살표로 연결했다.

노트에 '염분의 변화요인' 관련 용어정리

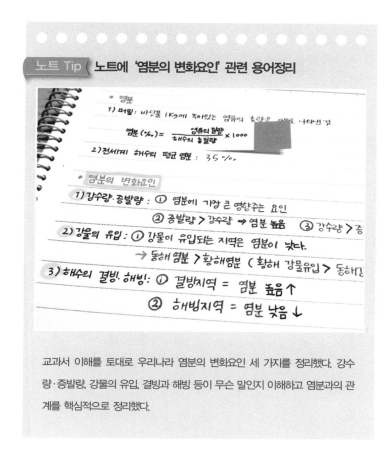

교과서 이해를 토대로 우리나라 염분의 변화요인 세 가지를 정리했다. 강수량·증발량, 강물의 유입, 결빙과 해빙 등이 무슨 말인지 이해하고 염분과의 관계를 핵심적으로 정리했다.

이번에는 사회과목을 보자. 광물자원에 대한 내용이다. 광물이 땅 속에 있는 자원이라는 것은 기본적으로 안다. 광물자원 세 가지가 무엇이고, 어느 지역에서 생산되고, 어느 나라로 이동되는

가를 간략히 정리하면 된다. 노트에 정리할 때는 블럭과 형광펜이 표시된 내용 위주로 간략히 정리하자.

노트 Tip / 교과서에 '광물자원의 분포와 이동' 용어 이해 및 표시

❶ 광물자원에 해당하는 세 가지 용어 위에 빨간색 블럭을 했다.

❷ 전반부에 '세계 여러 지역에 분산', '주요 생산지와 소비지', '이동' 등의 내용들이 보인다. 이러한 내용들을 구체적으로 보충 설명하고 있다.

❸ 광물이 생산, 분포하는 곳(노란색)과 수출되는 곳(분홍색)도 구분지어 표시했다.

노트에 '광물자원의 분포와 이동' 관련 용어정리

교과서 이해를 토대로 '광물자원의 분포와 이동'의 핵심용어로 정리했다. 교과서와 마찬가지로 자원이 분포된 곳은 노란색, 수출된 곳은 분홍색 동그라미를 칠했다.

이번에는 영어 과목의 용어(=어휘)정리를 살펴보자. 영어에서 어휘라는 것이 단순히 뜻만 알아서 되는 것이 아니라, 독해와 관련 있기 때문에 문맥 속에서 이해하고 정리하는 노력이 필요하다. 'time'과 같이 쉽게 알고 있는 단어라도 독해 속에서 이해할 때는 형광펜이 칠해진 내용을 참조해서 정리하면 된다. 'afford'도 마찬가지다.

노트 Tip 〈 **영어교과서에 'time, afford' 용어 이해 및 표시**

How much time do I have? ③
②In finding the right hobby, think about how much time you have. ③Some hobbies take more time than others. ④If you have just a little time, listening to music will do. ⑤If you have more time, consider raising the pet that you always wanted as a young child. ⑥Taking photos may take a little more time. ⑦You can go places, take photos, and make photo albums.

Can I afford the new hobby? ④
Go for a hobby that is not too expensive. ②One rewarding hobby that even a student can afford is reading. ③You can borrow books from the library for free. ④Blogging is another hobby that you can enjoy without spending much money. ⑤You can create and write blogs free.

❶ 읽으면서 핵심어를 찾아내고, 핵심어와 관련된 단어들을 찾아내야 한다.

❷ 핵심어는 time과 afford다. 여기서 afford = money라는 것을 알아야 한다.

❸ time과 afford(=money)에 맞춰 조금의 시간이 필요한 취미, 시간이 많이 걸리는 취미 등을 블럭으로 표시했다. 주황색 형광펜으로 색칠한 중심문장에 따라 노랑, 분홍이 핵심 문구들이다.

노트 Tip 〉 노트에 'time, afford' 관련 용어정리

④ After you read
• How much time do I have?
→ In finding the right hobby, think about how much in
1) Just a little time : listening to music
2) more time: raising the pet
3) little more time: Taking photos

• Can I afford the new hobby? (money)
→ Go for a hobby that is not too exper
1) Free: reading, blogging

❶ time과 관련된 어휘인 a little, more, little more를 정리했다. 또한 각각의 사
례를 단어로 정리해서 그 의미를 알 수 있다.

❷ afford도 마찬가지다. afford와 같은 뜻을 의미하는 money를 메모했고, 관
련 단어 free에 노란색 블럭을 칠했다. free의 의미를 이해할 수 있게 관련
된 용어 reading, blogging을 적었다.

트리구조로 정리하라

목차의 흐름을 이해하고(외우고) 구조화하라

NOTE

용어정리를 통해 단원이 어떤 내용일 거라는 이해를 했으면 본격적으로 노트정리를 한다. 교과서를 다시 훑어보면서 목차의 뜻과 흐름을 이해하는 동시에 목차를 어떻게 구성할 것인가를 생각해 보아야 한다. 사실, 목차구성과 다음 단계에 나오는 개념정리는 개별적으로 진행되는 것이 아니라 동시에 이루어지기도 한다. 이해를 돕기 위해서 목차구성과 개념정리를 구분해 놓았지만, 노트정리에 숙달되면 목차구성과 개념을 함께 정리한다. 목차 구성을 할 때, 대개는 교과서 목차 순서대로 정리하지만, 공부를 잘하는 학생들일수록 목차를 스스로 만든다. 목차를 자신이 이해하고 기억하기 쉽게 재구조화 한다.

1 _ 트리구조로 정리하라

트리구조란 나무가 가지를 쳐가는 모습으로 1에서 1)과 2)로, 1)에서 (1), (2), (3), 2)에서 (1), (2) 등으로 번호를 매겨가며 알기 쉽게 정리하는 것을 말한다.

교과서를 비롯해서 모든 책에 목차가 있듯이, 노트에도 목차가 있어야 한다. 노트의 목차는 수업내용을 기반으로 하고 교과서, 유인물, 자습서(문제집)를 종합적으로 정리하면서 만든다.

목차를 구성하는 것이 익숙하지 않으면 교과서의 기본 목차 순서대로 정리하면 된다. 노트정리에 자신이 생기면 목차를 자신의 입맛에 맞게 스스로 재구조화한다. 재구조화하는 방법은 배운 내용의 핵심을 찾고, 그 핵심을 나누거나 분류해서 이를 재구성해 조직화하는 것이다. 자신이 이해하고 기억하기 쉽게 목차를 구성하되, 전체 의미를 벗어나지 않게 하면 된다.

2 _ 목차를 크게 하고 색을 입혀라

이렇게 트리구조를 만들다 보면 내용의 흐름을 한층 더 이해할 수 있다. 용어정리를 한 번 했기 때문에 이해의 속도가 빠르다.

그리고 트리구조로 만든 목차에 크기와 색깔로 포인트를 주거나 블럭을 설정해두면 구분과 이해가 쉽다. 대목차와 소목차 그리고 소목차마다 색깔을 달리해주는 방식도 구분이 되고 흐름파악이 용이하다.

반면에 이런 학생도 있다. 노트정리는 어차피 핵심만 정리하는 것이기 때문에 또 다시 중요한 내용을 찾아서 내용 곳곳에 색깔표시를 하는 것이 취향에 맞지 않는 학생들이다. 이런 학생들은 목차의 크기를 크게 해서 눈에 띄게 해주는 것만으로도 정리의 효과를 볼 수 있다.

3 _ 들여쓰기를 하라

들여쓰기란 오른쪽으로 한 칸 이상 들여서 정리하는 것을 말한다. 각 주제가 나누어질수록 오른쪽으로 계속 들여서 정리한다. 이렇게 정리하면 각 주제마다의 내용을 명확히 구분할 수 있다는 장점이 있다.

3학년 수학 〈실수와 그 연산〉에서 '제곱근과 실수'편의 목차는 이렇다.

실수와 그 연산
1.제곱근과 실수
1)제곱근과 그 성질
2)제곱근은 무엇인가
3)제곱근에는 어떤 성질이 있는가?
4)제곱근의 대소 관계는 어떻게 알 수 있는가?
2.무리수
1)루트2의 근사값은 얼마인가?
2)무리수는 무엇인가? 또 실수는 무엇인가?
3.실수와 수직선
1)실수를 수직선 위에 어떻게 나타내는가?

새롭게 목차를 재구성하면서 이해하기 쉽게 글자 수를 조정하고 하위 개념의 수를 늘이거나 줄여서 정리했다.

위와 같이 정리하는 것이 때로는 복잡할 수 있으므로 이런 정리방법도 추천한다. 트리구조는 유지하되 내용이 구분되는 곳에서만 한 줄씩 띄우는 방식이다. 들여쓰기를 하지 않는다. 즉, 번호는 번호라인에 맞추고, 글자는 글자라인에 맞추면서 구분되는 곳에서 한 줄씩 띄우면 그것이 간편할 수 있다. 글자가 다음 줄로 넘어갈 때 번호 밑으로 가서는 안 된다. 아래와 같은 방식이다.

실수와 그 연산
1. 제곱근과 실수
1) 제곱근과 그 성질
2) 제곱근은 무엇인가
3) 제곱근에는 어떤 성질이 있는가?
4) 제곱근의 대소 관계는 어떻게   알 수 있는가?
2. 무리수
1) 루트2의 근사값은 얼마인가?
2) 무리수는 무엇인가? 또 실수는   무엇인가?
3. 실수와 수직선
1) 실수를 수직선 위에 어떻게   나타내는가?

들여쓰기 하지 않고 목차를 구조화한 사례는 아래와 같다.

들여쓰기 하지 않은 역사 목차구조화

Ⅰ. 조선 사회의 변동
1) 정치 운영의 변화와 제도의 개혁
2) 붕당 정치의 변화와 세도 정치의 대두
3) 새로운 사회 개혁론의 등장
4) 문화의 새로운 변화

Ⅱ. 근대 국가 수립운동
1) 외세의 침략적 접근과 개항
2) 근대적 개혁의 추전
3) 독립협회의 활동과 대한 제국의 수립
+ 개항이후 각 정치 세력의 동향
4) 신문물의 수용과 사회·문화의 변화
5) 일제의 침탈과 국권수호 운동

들여쓰기로 하든, 하지 않던 그 보다 더 중요한 것은 목차에 들어간 핵심어를 파악하고 흐름을 머릿속에 배열하는 것이 중요하다. 중·하위권 학생들의 경우에는 목차를 자주 보고 외우는 활동을 해보자.

chapter
04

개념정리와
리뷰

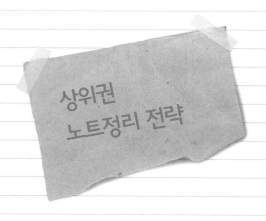

상위권
노트정리 전략

정보(개념)의 이해, 관계, 문제해결력을 체계적으로 정리하라

교과서 단원에 어떤 용어들이 등장하는지 이해했고, 목차도 외우거나 구성을 해보았다면 단원의 개념을 알기 쉽게 정리해야 한다. 노트의 진정한 가치는 개념정리에 있다고 할 수 있다. 일단 어떤 개념을 정리하는지를 분명히 알아야 한다. 개념정리는 4가지를 기본으로 한다.

①자주 등장하는 개념어를 정리하고, ②중심개념과 뒤따라 나오는 개념과의 연관관계도 정리해 놓아야 한다. 즉 상·하위 개념, 비교개념을 잘 이해해서 정리해 놓는다. ③개념정리 하면서 이해 안 되는 개념이 무엇인지를 표시, 메모 해놓아야 한다. ④이와 더불어 문제해결을 하면서 자주 애를 먹이는 개념(약점파악)도 정리해 놓아야 한다. 따라서 ③과 ④를 명확히 해결하는 노트정리가 되어야 한다.

주요 개념어 정리하고

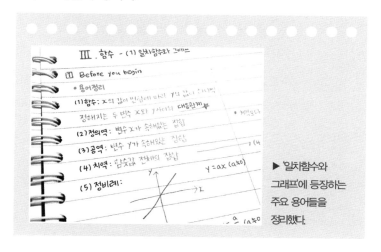

▶ 일차함수와
그래프에 등장하는
주요 용어들을
정리했다.

중심개념과 뒤따라 나오는 개념과의 관계도 정리하고

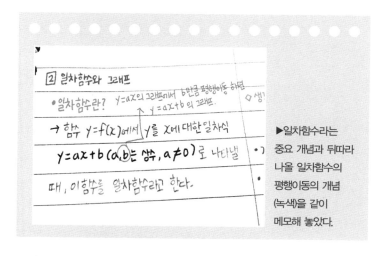

▶일차함수라는
중요 개념과 뒤따라
나올 일차함수의
평행이동의 개념
(녹색)을 같이
메모해 놓았다.

확실히 이해 안 되는 개념도 정리하고

' 치역보다 공역이 더 큼. 치역 ⊂ 공역

(4-1) 함숫값 : x에 따라 정해지는 y의 값

ex) $y = 2x$ 에서 3의 함숫값
$f(3)$

▶ 확실히 이해 안 되는 개념(치역보다 공역이 크다)을 강조해 적었다.

문제 풀면서 자주 애를 먹이는 개념도 정리

ex) $y = 2x - 6$의 y절편, x절편

x절편: $0 = 2x - 6$ ∴ $x = 3$ → y

y절편: $-6 = b$, $x = 0$일때의 값.

(제) x절편, y절편을 이용해 넓이 구하기

▶ 문제를 풀면서 자주 애먹은 개념(식에서의 y절편이란 b, 즉 $x=0$일 때의 값)을 정리했다.

개념이 복잡하거나 일목요연하게 정리할 필요가 있을 때 개념도표를 활용한다. 개념도표는 어떤 개념을 보기 쉽게 정리할 때 또는 종류를 나열할 때도 활용할 수 있다. 개념도표의 모양은 아래와 같다. 앞에서 보았던 십자모양을 변형한 형태다.

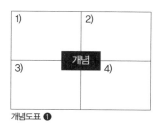

개념도표 ❶

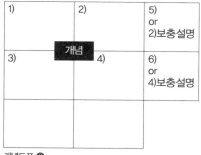

개념도표 ❷

개념을 정리하다가 모자라면 위쪽 방향, 오른쪽 방향, 아래편 방향으로 표를 더 그려 정리를 하면 된다. 혹은 보충설명이 더 필요할 때도 그려서 정리한다. 예를 들면 국어에서는 설명방법, 시적 허용의 개념을, 수학에서는 유한집합의 개념, 항등식의 개념을, 과학에서는 분자의 개념, 영양소의 개념 등을 정리할 때 활용하면 좋다. 사회, 역사과목의 개념정리 할 때도 유용하다.

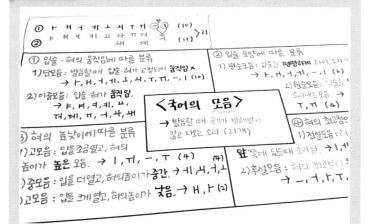

국어의 음운 중 '국어의 모음'을 분류하는 4가지 기준을 개념도표로 정리했다. ① 위에 있는 내용은 ①을 보충한 것이다. 이런 식으로 개념을 정리하면 보기도, 이해하기도 쉽다.

100점 노트는 따로 있다

국어노트 | 각 장르의 대표 유형을 알고
작품을 분석해서 정리하라

국어는 모든 장르에서 글의 종류와 주제를 잘 살펴야 하고, 무엇보다 작품의 특징을 정리해야 한다. 작품의 특징은 전체 특징과 본문에서의 표현상의 특징이 있다. 올바른 작품 감상도 정리해야 하는데, 주관적인 감상에 빠지는 것이 아니라 객관적으로 감상하고 추리하는 훈련이 필요하다.

필요한 어휘도 정리해야 한다. 어휘를 정리할 때는 단순히 모르는 단어에 한정하지 말고 중심어구도 포함시킨다. 예를 들어 '내용 조직의 일반원리'라든지 '문학적 의사소통의 특성' 등의 정확한 뜻을 정리한다.

글쓴이가 작품을 쓴 의도와 목적이 무엇인지도 알아야 한다. 이것을 알기 위해서는 자신이 작가와 동화되어 작품을 읽는 습관이 필요하다. 분류, 분석, 묘사 등의 작품전개방식도 정리해야 하고, 비유법, 변화법, 강조법 등의 표현방법도 정리해야 한다. 그밖에 접속어, 한자성어, 속담, 문법 등도 필요에 따라 정리해야 한다.

위와 같은 정도가 국어에서 출제되는 기본적인 내용들이다. 구체적으로 각 장르의 대표유형을 알아보려면. 각각의 작품을 정확하게 분석하는 능력을 갖추어야 한다.

시의 경우는 시적 화자가 처한 상황, 정서, 주제, 시어의 의미, 표현 방법의 파악이 관건이다. 이는 시험에 나오는 대표적 유형들이다. 특히 핵심어는 긍정, 부정 등을 구별해서 알아보기 쉽게 기호나 색깔로 구별해서 정리해야 한다.

소설은 주제 찾기, 시점, 인물분석이 기본적으로 정리되어야 한다. 특히 인물 간의 갈등분석은 중요한데 이를 위해서는 인물의 심리, 가치관을 파악하고, 인물에 대한 키워드를 정리해 놓아야 한다. 인물 간의 관계를 화살표를 사용해 그리는 것도 하나의 방법이다.

시를 정리한 김수영의 〈풀〉

① 시를 노트정리 할 때 제목에 집중한다. 제목을 눈에 띄게 적는다. 시의 제목은 시의 방향을 제시해 주는 경우가 많기 때문이다.

② 시를 읽어가면서 시적 상황을 파악하고 각 연의 소주제를 정리해야 한다.

③ 시어의 상징적 의미로 풀은 민중을, 바람은 민중에 대한 억압, 바람은 독재 권력으로 볼 수 있다. 따라서 풀은 긍정어로, 바람은 부정어가 된다.

④ 시의 정서를 이해하고 정리해야 한다. 3연의 마지막 문장을 통해 현실의 극복이 쉽지 않음을 알 수 있다. 하지만 3연의 별표 내용을 볼 때, 이 시는 의지적이고 현실 참여적인 시임을 알 수 있다.

⑤ 표현방법을 정리해야 한다. 1연과 2연은 '풀 ↔ 바람', '눕다 ↔ 일어나다', '울다 ↔ 웃다'의 반복적 대립 구조를 형성하고 있다.

김유정의 소설 〈동백꽃〉을 정리했다. 글의 주제, 배경, 성격과 함께 소설의 5단계를 정리했다.

구체적인 사건정리에 초점을 맞춘 김유정의 소설 〈동백꽃〉

Ⅰ. 우리의 문학과 처음 - 1. 다양한 해석   □ 동백꽃

● 동백꽃 (김유정)
   1) 주제 : 사춘기 시골 소년소녀의 사랑
   2) 배경 : 1930년대, 강원도 산골
   3) 성격 : 토속적 (향토적), 해학적 (웃음)

   ① 발단
   ② 전개
   ③ 위기
   ④ 절정
   ⑤ 결말

● 줄거리
   1) 발단 (14P : 3 ~ 14 : 19) 점순이가 닭싸움을 붙였다.
   2) 전개 ① 점순이가 감자를 주었으나 나는 이를 거절함.
          ② 나의 거절에 점순이가 매우 노여워 함.
          ③ 내가 점순이의 호의를 거절한 이유
   3) 위기 ① 점순이가 나의 씨암탉을 때리며 나를 고롭힘.
          ② 내가 수탉에게 고추장을 먹임.   ④ 내가 수탉에게 고추장을 더
          ③ 나의 수탉이 점순이의 수탉을 이기지 못함.   먹이자 수탉이 비실거림.
   4) 절정 ① 점순이가 나의 수탉을 때려 또 닭싸움을 시킴.
          ② 내가 점순이의 수탉을 죽임.
          ③ 내가 점순이의 말을 따르기로 함
   5) 결말 (22 : 22 ~ 23 : 12) 점순이와 내가 동백꽃 속에 파묻혀 있는데 점순이 엄마가
          점순이를 불러서 급히 헤어짐.

❶ 〈동백꽃〉의 5단계를 정리하면서 각 단계마다 내용을 세분화해서 어느 정도 줄거리를 파악할 수 있게 했다.

❷ 5단계가 시험에 출제된다고 해서 5단계에 해당하는 핵심을 정리해 놓고 포스트잇으로 가려 놓았다. 미리 한번 짐작해 보고 확인할 수 있는 방법이다.

윤흥길의 소설 〈땔감〉은 가난 때문에 도둑질을 하게 되는 아버지의 고달픈 삶을 얘기하고 있다. 시간적 배경은 6.25 전쟁 직후고, 1인칭 관찰자시점이다. 소설의 5단계에 맞추어 사건전개 과정을 정리했다. 또한 등장인물의 행동이나 성격도 정리했다.

노트 Tip　사건과 인물정리에 초점을 맞춘 윤흥길의 소설 〈땔감〉

❶ 사건전개과정에서 교과서 본문의 페이지를 적어 나중에라도 찾기 쉽게 했다.

❷ 등장인물 정리는 각 인물의 핵심을 정리한 다음에 화살표를 사용해서 인물의 키워드, 가치관을 알 수 있게 정리했다.

설명문, 논설문, 기사문 등의 비문학은 글의 흐름을 파악하기 어렵기 때문에 글쓴이의 의도, 전개방법, 문단별 핵심내용과 전체를 관통하는 주제를 찾아 정리해야 한다. 각 글의 종류에 다라 신경 써야 할 부분은 다음과 같다.

- 논설문은 글쓴이의 주장과 증거를 살피면서 정리해야 한다.
- 수필은 글쓴이의 경험과 체험을 통해 강조하는 것이 무엇인지 살펴 정리해야 한다.
- 설명문은 객관적인 정보 전달이라는 측면에서 정리해야 한다.
- 전기문은 인물의 생애, 사건, 역사적 배경, 비평을 살피면서 정리해야 한다.

국어 교과서에 나오는 〈기사문의 정확한 표현〉을 정리해 보자.

No.

Date.

7. 기사문의 정확한 표현

① 기사와 독자 투고

• 독자 투고문의 목적

→ 사회적 쟁점에 대해 자신의 의견을 **주관적**으로 표현하기 위함.

= 논설문 (주장 + 근거)

• 독자투고문의 주장과 근거

1) 주장 : 작은학교를 많이 만들자

2) 근거 : ① 학교를 통폐합 하는것은 교육을 **경제적 측면**으로 보는것임.

② 기존 학생들이 먼 거리로 통학해야 하므로 **이동현상**을 부추김.

③ 자연 친화적이고 체험적인 교육이 이루어 지고 있음.

④ 작은수가 선생님과 얼굴을 맞대고 공부할 수 있음.

❶ 기사문이란 사회에서 일어난 여러 가지 일 중에서 알릴만한 가치가 있는 사건이나 사실을 정확하고 신속하게 알리는 글을 말한다. 언론사별로 자신들의 입장을 담기 때문에 기사문도 논설문의 한 종류다.

❷ 독자 투고문 또한 사회적 쟁점에 대해 자신의 의견을 적극적으로 표현하는 것이기 때문에 논설문으로 등치해 놓았다. 따라서 독자 투고문을 정리할 때, 논설문의 특징인 주장과 근거로 정리했다.

이번에는 설명문을 보자.

핵심어	'에너지를 생각한다' 글의 짜임	
	중심 문장	중심 내용
① 생활발전	우리가 일상생활에서 방출하는 작은 에너지들을 모으고 모아 '생활발전'으로 활용할 방법을 설명해	실제생활에서 나오는 에너지 활용법에 대한 질문
② 생활에너지	일상에서 그대로 사라지던 인간의 생활에너지를 실제의 동력으로 다시 사용하려는 기발한 생각과 그것을 가능하게한 높은 기술력이 세계 곳곳에서 나타남.	인간의 생활에너지를 동력으로 사용하려는 움직임
② 발전배낭	개인이 움직일 때 발생하는 힘을 모아 에너지로 이용하는 사례가 있다.	① 인간동력에너지를 이 사례 - 개인의 힘을 이용 (발전배낭)
㉠ 발전마루	한사람, 한사람이 만들어내는 작은 에너지를 모아 큰에너지를 얻는 기술도 현실화되고 있다.	② 인간동력에너지를 한사례 - 도쿄역 리 발전마루
간에너지	또한 아직실현되지는 않았지만 인간에너지를 이용하려는 특별한 생각들이 세계곳곳에서	③ 인간동력에너지 이용한 사례 - 군중

❶ 〈에너지를 생각한다〉는 설명문으로 설명문의 특징인 '정보전달'에 초점을 맞추어야 한다. 따라서 중요한 정보 위주로 내용을 요약해 놓았다.

❷ 핵심어, 중심문장, 중심내용, 문단의 짜임 등으로 나누어 정리해서 어떤 정보를 설명하는지 알기 쉽게 이해된다.

수학노트 ┃ 개념, 풀이과정,
　　　　　 틀린 이유를 정리하라

개념노트는 개념을 체계적으로 정리한 노트다.

개념의 정의와 개념간의 연관성이 잘 정리되어 있어야 한다.

노트 Tip 〉 **개념도표를 활용한 수학 개념정리**

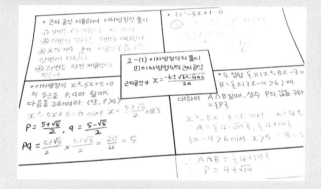

❶ 기본개념을 정리하면서 개념도표를 사용했다. '이차방정식의 근의 공식'에 대한 개념을 정리했다. 개념을 이해하는 예제문제도 같이 정리했다.

❷ 개념도표는 구분 칸을 적절하게 활용할 수 있다는 장점이 있다. 가운데 사각형에는 개념의 핵심을 적고, 나머지 칸에는 개념의 주요 내용과 대표유형을 정리했다.

문제 푸는 노트는 문제와 식의 과정을 풀이한 노트다.

보통은 연습장을 가운데 접어서 사용한다. 수학은 문제 풀이 과정에서 다른 풀이과정 또는 더 간단하게 풀 수 있는 방법을 고민하고 정리해 놓아야 한다. 문제를 풀면서 핵심유형이 나오면 표시해 놓고 개념노트나 오답노트에 정리해 놓자.

노트 Tip〉 **수학 문제풀이 과정에서 다른 방법, 대표유형 확인 메모**

❶ 연습장에 문제를 풀었다. 이차방정식이 주어졌을 때 어떤 방식으로 풀라는 말이 없었다. 처음엔 완전제곱식으로 풀어보고 다음에는 근의 공식을 이용하여 풀어 보니 근의 공식을 이용해 푸는 게 간단해서 메모를 해 놓았다.

❷ 아래 문제를 풀다가 복잡한 이차방정식 문제의 대표 유형임을 알고 풀이 과정에 메모를 해 두었다.

새로운 유형을 접했을 때도 어떤 유형과 유사한지 개념노트 또는 오답노트에 정리해 놓아야 한다. 문제를 통해 자신이 약한 부분(약점)이 어디인지도 알아야 한다.

노트 Tip **문제풀이를 바탕으로 알게 된 지식을 수학노트에 정리**

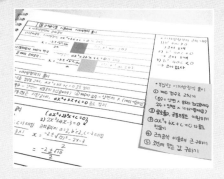

❶ 기본 개념을 이해하고 수학 문제풀이를 하다보면 자연스레 개념에 대한 충분한 이해, 문제풀이 방법 등을 다양하게 알게 된다. 그러한 지식을 노트에 체계적으로 정리했다. 특히 포스트잇을 활용해 유형에 따른 풀이방법을 정리했다.

❷ 노트 칸을 3등분해서 만들었다. 기본 개념을 정리하고, 아래 칸에 문제풀이를 통한 사례를 들었다. 오른쪽 칸은 핵심 키워드로서 '이차방정식의 근의 개수'와 '복잡한 이차방정식 풀이' 과정을 메모해 놓았다. 즉 개념정리, 사례, 꼭 알아야할 키워드로 구분해 놓았다.

오답노트는 틀린 문제에 대한 이유를 명확히 밝혀 놓은 노트다.

수학 오답노트는 문제 속의 개념이 무엇이고, 출제의도를 살피면서 정리하자.

오답정리는 다하지 말고 대표유형만 정리한다. 틀린 문제만이 아니라 힘들게 풀었던 문제도 정리한다.

공식의 유도법과 사용할 때의 조건 등 주의사항도 정리해 놓는다. 풀이과정이 꼼꼼하지 않고 오답의 이유가 잘 정리되어 있지 않다면 이런 오답노트는 다시 보지 않는다.

Chapter 2에서 보았던 십자형 오답정리를 활용한다. 문제를 푸는 데 3분이 걸렸다면 오답정리 하는 데는 30분을 투자한다는 마음으로 정리해야 한다.

십자형 수학 오답노트

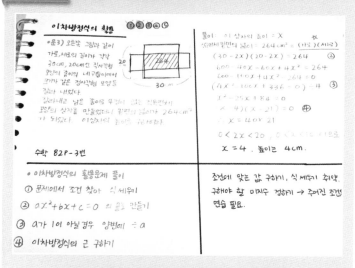

이차방정식의 활용 파트는 학생들이 어려워한다. 그래서 3번 반복해서 풀었다. 이차방정식의 활용 옆에 풀은 횟수를 의미하는 동그라미 숫자가 보인다. 이차 방정식의 활용문제를 적고 풀이과정에 번호를 매겨서 상세하게 정리했다. 그 아래 칸에 틀린 이유를 정리하면서 자신이 취약한 부분에 대해서도 메모를 했다. 마지막으로 다른 문제를 풀 때도 실수하지 않도록 왼편에 이차방정식의 활용문제 풀이과정을 알기 쉽게 정리해두었다.

다른 과목도 마찬가지이지만 특히나 사회는 기본적인 용어정리
를 해 놓은 다음에 자주 들여다보는 정성이 필요하다. 사회 과
목은 생소한 용어가 많이 등장한다. 일상적으로 쓰이는 말들도
있지만 그렇지 않는 용어들이 사회 과목을 낯설고 어렵게 만들
기 때문에 자투리 시간을 이용해서 용어들을 눈에 익혀놓아야
한다.

사회는 전체와 부분간의 관계, 즉 상·하위 개념을 잘 정리해
야 한다. 사회 개념정리는 이것이 포인트다. 비슷한 주제끼리 묶
어 분류하고 이미지로 이해하는 공부방법이 사회를 흥미롭게 만
든다.

교과서로 예를 들면 1학년 사회에 나오는 〈다양한 기후지역과
주민생활〉 단원을 보자. 기후가 이 단원의 상위 개념이다. 본문
에서는 기온과 강수를 중심으로 내용이 반복되면서 바람과 눈에
대한 설명도 곁들이는 방식이다. 즉 기온, 강수, 눈, 바람은 기후
의 하위개념이다. 본문은 세계 각지역과 우리나라에서 나타나는

기온, 강수, 눈, 바람에 대한 주제를 이미지를 통해 설명하고 있다. 또한 기온의 하위 개념으로서 열대, 온대, 냉대, 한대, 대륙성, 해양성기후를 설명하고 있다. 하위개념들을 서로 비교해서 공통점과 차이점도 알아두어야 한다. 사회는 각 단원마다 전체와 부분의 관계들을 노트에 그려보고 개념정리 하면 공부에 많은 도움이 된다.

민주주의에 대해서 배울 때도 마찬가지다. 민주주의를 둘러싸고 있는 하위, 비교 개념과의 관계를 정리해야 한다. 민주주의의 하위 개념 중에 선거(투표)가 있다. 선거의 개념을 이해할 때 비교 개념인 정당, 지방자치제도의 개념도 같이 정리해야 하고, 선거는 국민주권을 실현하는 것이기 때문에 국민주권의 개념도 잘 정리해야 한다. 국민주권의 개념은 〈나라를 다스리는 권한(주권)이 국민에게 있다〉는 뜻이다.

이러한 국민주권의 개념에서는 알아야 할 여러 연관 개념이 등장한다. 국민주권과 같이 역사적 배경이 들어 있는 개념의 경우는 용어의 이해를 넘어서 '어떤 개념이 어떻게 시작되었고, 어떤 과정을 거쳐 어떻게 진행 중이다.'를 정리해야 한다. 따라서 절대군주제도, 프랑스혁명, 영국혁명, 미국혁명, 사회계약설, 선거와의 관계, 직접민주주의, 대한민국과 미국의 국민주권 등을 유기

적으로 이해하고 정리해야 한다. 사회는 이런 식으로 전체와 부분간의 관계 정리를 잘해야 한다. 이러한 관계를 글로만 정리하지 말고 이미지와 함께 정리하면 이해도가 높아진다.

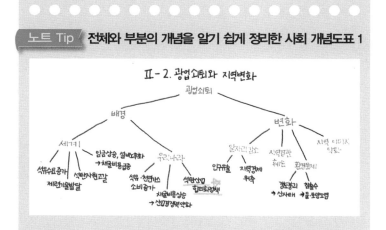

노트 Tip 전체와 부분의 개념을 알기 쉽게 정리한 사회 개념도표 1

광업쇠퇴와 지역변화의 개념을 정리하기 위해 배경과 변화로 나누었다. 배경은 세계와 우리나라로, 변화는 일자리 감소 등 네 가지 요인으로 나누어 놓았다. 또한 각각의 아래에 더 작은 내용으로 나누어 놓았다. 이러한 개념도를 통해 전체 내용의 핵심을 파악할 수 있다.

하나의 사례를 더 살펴보자.

에너지의 하위개념에 화석에너지, 재생에너지, 신에너지가 있다. 화석, 재생,
신에너지는 서로 비교개념이다. 이들 간의 공통점이나 차이점도 있다면 이해
하고 정리해야 한다. 재생에너지와 화석에너지는 대비되는 개념으로 화살표
로 표시를 해 놓았다. 재생에너지의 하위개념으로 태양열, 풍력, 조력발전 등
을 정리했다.

역사노트 | 흐름을 파악하고
자료를 해석해서 정리하라

역사는 기본적으로 두 가지를 정리해야 한다. 첫째는 큰 흐름을 파악하면서 구체적으로 사건의 발생과 내용을 이해하고 정리해야 한다. 역사는 시간이다. 그리고 수많은 사건의 집합체다. 역사를 시간의 흐름 속에 풀어놓으면 수많은 사건이 나열됨으로 구체적인 사건을 정리하기 이전에 큰 흐름부터 파악하자. 그 과정이 힘들다면 사건을 이해하고 정리한 다음에 큰 흐름을 메모해 놓아도 좋다.

예를 들면 〈문명의 성립과 고조선의 성립〉 단원을 이해할 때 큰 흐름을 정리할 때 교과서를 훑어보면서 구석기 → 신석기 → 세계문명성립 → 청동기 → 고조선 → 철기 → 만주와 한반도에 여러 나라 등장(부여, 고구려 등등)의 큰 흐름을 메모해 놓고 세부적은 사건을 끼워 맞추기 식으로 정리해 들어가면 도움이 된다.

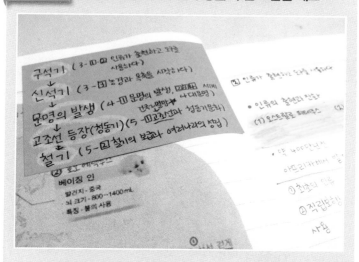

첫 단원에 들어가기에 앞서 앞으로 배울 내용의 큰 흐름을 단원명과 함께 포스트잇에 정리했다. 그저 흐름만 적지 않고 해당하는 단원명을 적음으로써 목차 정리, 흐름 파악의 효과를 볼 수 있다.

구체적으로 하나의 사건을 정리할 때는 사건의 원인, 과정, 결과를 이해하기 쉽게 정리해야 한다.

사건의 원인과 결과를 정리한 역사노트

Date: /   /   Num

Title: 2) 붕당정치의 변화와 세도정치의 대두 ③ 세도정치의 대두   Su

● **세도정치의 대두**

1) 원인 : 순조가 즉위하며 개혁에 대한 기대 좌절

→ **왕권 약화**

2) 결과 : 순조, 헌종, 철종 3대 60년에 걸쳐

노론출신의 몇몇 외척 가문이 권력 독점, 국정 좌우

→ 탕평정치 붕괴, 견제세력 사라짐.

세도 정치의 폐단과 삼정의 문란

❶ 세도정치의 원인과 결과를 정리했다. 세도정치의 원인으로 해서 결국 '왕
   권약화'로 이어졌다는 메모가 보이고, 세도정치의 결과로 인해서 '탕평정치
   붕괴, 견제세력이 사라짐'이라는 메모가 보인다.

❷ 세도정치의 결과에서 작은 포스트잇 두 개를 붙여 놓아 기억을 해보게 해
   놓았다. 안동김씨와 풍양조씨가 가려진 내용이다.

하나의 사건을 정리할 때, 그 전 단계의 사건과 이후의 사건이 무엇인지 연결시켜 무엇이 어떻게 달라졌는지 정리해야 한다.

예를 들면, 고려시대 초기를 정리할 때는 그 이전의 통일신라 말기 상황과 연결시켜 정리하고 고려 말은 조선 초와 연결시켜 정리해야 한다. 역사는 시간의 흐름 속에서 역동적으로 움직이기 때문에 고려와 조선의 정치제도를 비교하고, 경제와 문화의 공통점과 차이점도 비교해서 정리할 줄 알아야 한다.

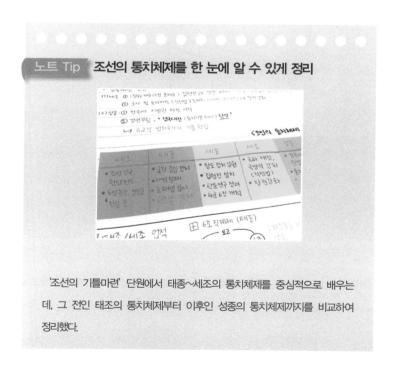

노트 Tip **조선의 통치체제를 한 눈에 알 수 있게 정리**

'조선의 기틀마련' 단원에서 태종~세조의 통치체제를 중심적으로 배우는데, 그 전인 태조의 통치체제부터 이후인 성종의 통치체제까지를 비교하여 정리했다.

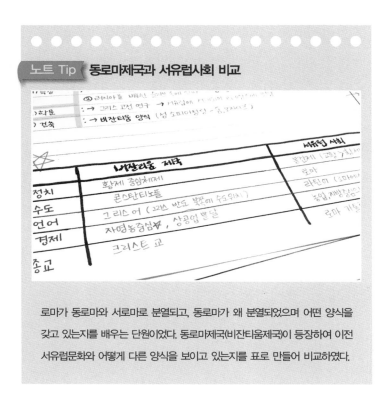

동로마제국과 서유럽사회 비교

로마가 동로마와 서로마로 분열되고, 동로마가 왜 분열되었으며 어떤 양식을 갖고 있는지를 배우는 단원이었다. 동로마제국(비잔티움제국)이 등장하여 이전 서유럽문화와 어떻게 다른 양식을 보이고 있는지를 표로 만들어 비교하였다.

이렇듯 보이거나 보이지 않는 관계를 통해 끈끈하게 연결되어 있는 것이 역사의 '원리'다. 수학의 개념보다도 더 단단하게 연결되어 있는 것이 역사의 '개념'이다. 역사의 원리와 개념을 더욱 쉽고 정확하게 정리해 주는 것이 연표다. 따라서 교과서에 나와 있는 연표를 기초로 해서 스스로 연표를 만들자. 선생님이 강조하는 사건과 교과서 본문에 나와 있는 사건을 위주로 연표를 만드는데, 주요 사건을 시대별로 나열한 후, 주요 사건을 메모해두고, 나머지 사건을 끼워 넣으며 정리한다. 한 단원 한 단원 만들어 놓으면 나중에는 역사 전체 연표가 된다.

노트 Tip / 프랑스혁명 과정 연표정리

연표를 정리할 때 초점은 연도가 아니다. 세계사든 역사든 아주 중요한 사건 몇 개 빼놓고 연도를 외울 필요는 없다. 세기 정도만 이해하고 사건의 흐름과 관계를 이해하는 것이 중요하다.

둘째는 자료해석이다. 여기서 자료는 교과서에 등장하는 이미지(그림, 사진, 지도, 도표 등)를 말한다. 역사도 사회와 마찬가지로 이미지를 적극 활용하면 이해도가 올라간다. 특히 지도 해석이 중요하다. 매 중단원마다 등장하는 지도가 설명하고자 하는 내용을 글로 풀어서 정리하자.

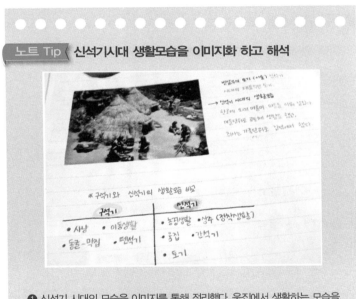

노트 Tip 〈 신석기시대 생활모습을 이미지화 하고 해석

❶ 신석기 시대의 모습을 이미지를 통해 정리했다. 움집에서 생활하는 모습을 통해 그것이 의미하는 바를 해석해서 메모해 두었다.

❷ 신석기 시대와 그 앞서 배웠던 구석기의 생활을 비교해서 간략히 비교도표로 정리해 놓았다.

역사 교과서에 등장하는 지도 해석

❶ 교과서 지도는 본문에서 설명하고 있다. 따라서 본문의 내용을 이해하는 것에 머무르지 말고 지도를 정확하게 해석해 놓아야 한다.

❷ 철기시대에 등장한 여러 나라의 지도를 노트에 붙여 놓고 나라의 위치를 알고, 각 나라의 특징을 간단히 정리해 놓았다.

화살표로 표시된 지도 해석

지도에서 특히 화살표 이동경로는 눈여겨 보고 메모를 해두어야 한다. 지도 해석과 함께 화살표 이동의 의미를 메모했다. 인더스 문명지도로 인더스 문명의 특징, 아리아인의 이동 등을 파악해서 지도 해석해 놓았다.

POINT 01 개념도표 활용해서 정리하기

하나의 개념을 정리할 때 개념도표를 활용하면 편하다. 고려사회의 신분구조를 개념도표를 활용해서 정리해 보면 아래와 같다.

대표적 : 경원이씨	과거합격, 전쟁에서 공 → 신분상승
❶ 문벌귀족 – 지배층 왕족, 관료 과거, 음서, 공음전	❷ 중류층 – 지배층 서리, 향리, 남반, 하급 장교

고려사회의 신분구조

❸ 평민 – 피지배층 농민, 상인, 수공업자, 향·부곡·소민	❹ 천민– 피지배층 공노비(관청), 사노비(개인)
농민 – 10분의 1 세금, 특산물을 공물로 바침, 군역, 토목공사 / 의창, 상평창제도. 상인, 수공업자는 평민보다 낮은 대우 → 상업 활동 활발하면서 지위 향상, 개경–시전, 지방–시장, 화폐보다 쌀 베	외거노비 : 관청이나 주인집에 살지 않고 따로 농사. 양인과 노비가 혼인 : 자식은 노비

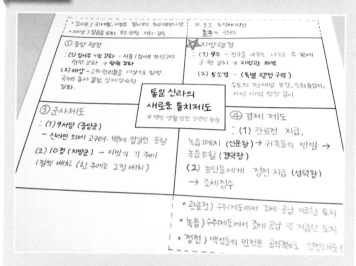

❶ 통일 신라의 새로운 통치제도를 알아보기 쉽게 4개의 연관개념으로 정리했
   다. 보다 더 중요한 개념인 '지방행정'에는 별표를 표시해 두었다.

   각 개념 이해에서 보충할 내용은 위, 아래 칸을 만들어서 메모해 두었다.

❷ 중간에 있는 제목 〈통일신라의 새로운 통치제도〉 아래의 주황색 내용은
   통일신라의 새로운 통치제도가 나아가야 할 방향을 압축해서 정리한 내
   용이다.

POINT 02 흐름도표 활용해서 정리하기

역사에서 인과관계에 의한 흐름은 흐름도표로 정리하면 된다. 흐름도표의 형태는 아래와 같다.

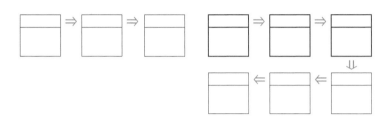

내용의 수에 따라 화살표를 늘여 사용하면 된다. 위의 칸은 내용을 대표하는 사건이나 키워드를 적는다.

노트 Tip **나폴레옹의 프랑스 혁명 과정'을 흐름도표로 정리**

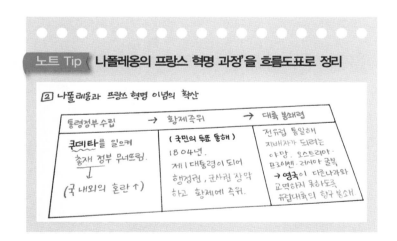

과학노트 | 탐구와 실험활동을 통한 개념이해를 정리하라

과학은 과학현상이 발생하는 이유, 즉 증거가 무엇인지에 대해 추리하고 정리하는 습관이 필요하다. 예를 들면 우주팽창의 증거라든가, 지구가 둥글다는 증거가 여기에 해당한다. 또한 어떤 과학현상이 일어나는 조건에 대해서도 관심을 가지고 정리해야 한다. 예를 들면 화학반응이 일어날 수 있는 조건, 증발의 조건 등을 말한다.

노트 Tip '지구가 둥글다'는 증거를 정리한 과학노트

대단원을 적고 소단원 아래에 소단원 학습목표를 적었다. 지구가 둥글다는 증거를 번호, 이미지, 핵심어 강조, 화살표 등을 사용하여 알기 쉽게 정리했다.

이러한 과학현상은 탐구와 실험활동을 통해 현상의 개념을 익히고 확인시키기 때문에 탐구와 실험활동을 체계적으로 정리해야 한다. 이때, 실험을 왜 하는지(목적, 이유), 과정 그리고 결과를 체계적으로 정리하는데 실험도구의 사용법도 정리할 필요성이 있다. 각종 공식은 별지에 단원명과 함께 정리해 놓으면 보관과 찾기가 용이하다. 과학과목도 노트정리 할 때, 이미지와 연결시키는 것이 효과적이므로 이미지 자료도 같이 정리한다.

예를 들면, 〈물질의 세 가지 상태〉 단원에서 이렇게 정리한다. 금이나 유리를 가열하여 녹인 후에 다시 식히면 모양이 달라지지만, 금과 유리가 가진 본래의 성질은 변하지 않는다. 이처럼 물질의 성질이 그대로 유지되면서 상태가 변하는 것을 상태 변화라고 한다. 좀 더 이해하기 위해 양초의 상태변화 실험을 한다. 이 실험을 통해 융해(고체→액체)와 응고(액체→고체)의 개념을 이끌어낸다.

융해와 응고가 일어날 때 물질이 가진 고유한 성질이 변하지 않는 이유를 알아보기 위해 '초콜릿을 이루는 입자의 배열'에 대한 탐구활동을 통해 분자의 개념을 이끌어낸다. 과학은 이렇게 탐구와 실험활동으로 각각의 개념을 터득하게 한다.

실험의 목표, 과정, 결과를 정리한 과학노트

❶ 탐구실험을 통한 개념 확인 내용을 정리했다. 실험을 하는 목적, 과정, 결과를 일목요연하게 정리했다. 특히 실험을 이해할 수 있는 이미지를 붙였다. 오른쪽 여백에 중요 실험도구인 '페놀프탈레인 용액'에 대해서도 간략히 메모를 해놓았다.

❷ 결과와 해석은 표를 사용해서 알기 쉽게 했고, 선생님이 강조한 결과는 빨간 별표 두 개를 해 놓았다. 시험결과에 대해서 '결론'에 한 번 더 정리함으로써 개념이해를 확실하게 도왔다.

❸ 시험결과에 대해서 '결론'에 한 번 더 정리함으로써 개념이해를 확실하게 도왔다. 이것은 상위권 학생 이상만이 가능한 정리다. 이렇게 실험을 왜 하고, 그러한 실험의 결과가 어떻게 되었는지에 대해 다시 한 번 결론을 적어주는 정리를 해보자.

Ⅱ. 물질의 특성 - 1) 크기성질과 세기성질
↳ 부피, 질량, 넓이... ↳ 밀도, 끓는점...

① 크기성질
- 질량 측정
  → 윗접시 저울 이용 (분동 돌려 수평 맞추기)

- 부피측정
  1) 고체 부피 : ① 규칙적 - 자 이용.
     - 육면체 부피 = 가로×세로×높이   · 원기둥 부피 = $\pi r^2 h$
     - 구 부피 = $\frac{4}{3}\pi r^3$
     ② 불규칙적 - 메스실린더 이용
     · 고체를 물에담긴 메스실린더에 넣었을 때 물의높이 - 원래물의높이 = 고체의 부피
  2) 액체 부피 : 메스실린더, 피펫, 뷰렛 등 이용
  3) 기체 부피 : 메스실린더 이용

- 밀도 측정
  → $\frac{질량(g)}{부피(cm^3)}$ = 밀도 ☆   질량, 부피 측정 필요

〈물질의 특성〉 단원에 나오는 공식을 별지에 정리했다. 이해를 돕기 위해서 공식만 정리한 것이 아니라 목차, 핵심 내용도 함께 정리했다.

선생님이 강조했던 '밀도'에 별표를 표시해 두었다.

과학에서 익히는 원리는 실생활에서 확인하고 활용하면 과학에 좀 더 쉽게 다가갈 수 있다. 선생님에게 들은 내용이나 교과 개념을 토대로 생활 속 상황과 연결 해 보자. 천체에 대해서 배웠다면 천체망원경으로 밤하늘을 관찰하고, 과학백과사전을 찾아보는 방법을 통해 이해를 높일 수 있다.

노트 Tip ▶ 실생활과 연결해서 정리

• 끓는점과 외부압력

→ 기압이 높을수록 끓는점이 높아진다.

ex) 부탄가스는 끓는점이 - 0.5℃ 이므로 상온에서 기체 상태로 존재한다.
하지만 가스통을 흔들어 보면 찰랑대는 액체 상태로 보관되는걸 알 수 있다.
이는 부탄가스통에 압력을 높여 부탄가스를 넣어 부탄가스의 끓는점이 높아졌기 때문이다.

부탄가스는 실생활에서 유용하게 사용하고 있다. 끓는점과 부탄가스와의 관련을 정리했다.

영어노트 | 독해를 통해 어휘와 문법을 정리하라

영어 노트는 어휘노트, 수업노트, 문법노트로 구분할 수 있다.

어휘노트

어휘노트는 새로운 어휘를 중심으로 정리한 노트다. 수업 중에 알게 된 어휘, 독해하면서, 문제집을 풀면서 알게 된 어휘를 망라해서 정리한다. 어휘를 정리할 때는 파생어와 함께 문장을 정리한다. 문장정리는 독해를 하다가 새로운 어휘를 알게 되었으면 그 어휘가 들어간 문장을 정리하는 것이 효과적이다. 그 어휘를 볼 때 그 문장이 연결되기 때문에 연상이 쉬워진다. 그리고 독해 책에도 그 단어와 문장을 형광펜 등으로 표시를 해 놓으면 나중에 찾기도 수월하다. 어휘노트의 형식은 아래와 같다.

어휘	문장	뜻, 해석
파생어		〈출처: 〉

출처는 필요한 경우에 적는다.

| succeed
success(n)
successful(a) | He succeeded in solving a problem. | 성공하다/상속하다 |
| | He succeeded to his father's estate. | EBS 영어 p35 |

영어 독해하면서 배운 어휘를 중심으로 정리했다.

노트 Tip 독해하면서 등장한 어휘를 정리한 영어 어휘노트

예문 칸에 글에서 쓰인 어휘의 뜻이 무엇인지 번호로 표시해 두었다. 이때의
번호는 맨 오른편에 나오는 단어들 앞의 번호를 말한다.

수업노트

수업노트는 학교시험 대비를 위한 노트다. 따라서 수업노트에는 독해, 어휘, 문법 등이 종합적으로 정리된다. 새롭게 배운 어휘는 어휘노트에 다시 한 번 정리하고, 문법도 문법노트에 체계적으로 다시 정리한다. 수업노트는 시험용이기 때문에 시험 후에 다시 살펴볼 기회가 적지만 어휘노트나 문법노트는 반복해서 보면서 실력을 쌓아가야 한다.

수업노트를 정리할 때, 본문을 써주는 것이 좋다. 이때 문장을 쓸 때에는 가능하면 노트를 아까워 말고 한 행씩 띄어서 정서를 한다. 빈 행에는 주의사항이나 문법사항 또는 설명이나 해석을 써 넣는다. 이렇게 정리한 것을 토대로 다시 핵심적인 문장만 구조화 정리를 해준다.

영어 교과서든, 독해 책이든 본문의 주제를 찾아 정리해 놓아야 한다. 또한 영어 지문을 보면서 지문 하나를 가지고 어떤 문장이 어떤 상황에서 어떤 목적을 가지고 쓰이는지, 어떤 논리로 문장들이 연결되는지 파악해야 한다.

어떤 표현(문장)이 이해(해석)가 안 되는지도 메모를 해놓아야 한다. 본문의 경우, 모르는 단어가 있어도 문맥에 따라 뜻을 추

론할 수 있어야 한다. 해석에 있어선 유연한 사고가 중요하다.

교과서뿐만 아니라 수업 중에 선생님이 준 유인물의 주요 내용과 예문들도 정리해 놓아야 한다.

본문을 적으면서 한 행씩 띠우고 정리한 영어 수업노트

❶ 영어 본문을 한 행씩 떼어 써놓고, 빈 행에는 해석이나 문법사항을 메모했다.

❷ 화살표로 묶여져 ①이라고 된 부분은 본문 중에서도 본문을 소개하는 머리말 부분으로, 노트 왼쪽에 〈글쓴이가 이 일기를 쓰는 목적은 무엇인가?〉라는 질문을 정리할 때 ①에 그 내용이 있다고 표시한 것이다.

이렇게 번호를 쓰는 칸을 따로 만든 목적은 그 문장에 쓰인 문법을 옆 페이지에 정리한다거나 할 때 구분하기 쉽도록 하기 위해서다.

본문의 주제가 '재미있는 영어 표현'이다. 따라서 그 표현을 찾아 뜻과 함께 정리해 두었다.

표로 만들어 본문의 핵심을 정리한 영어 수업노트

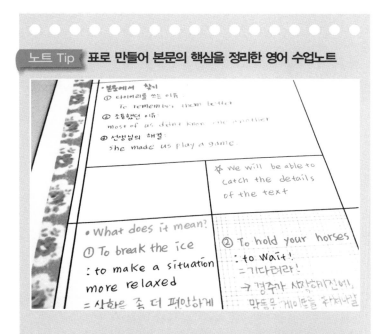

이 노트는 직접 만들어서 프린트한 노트다. 다른 과목도 그렇듯 수업에 집중하다 보면 정리할 내용이 정해져 있음을 알게 된다. 노트의 구성을 미리 생각해서 크기가 다른 칸을 나누어 놓고 자유롭게 정리했다. 본문의 내용에 따라 배치가 달라지기 때문에 크기가 다른 칸을 나누어 놓고 적절하게 정리하면 된다. 일반 노트처럼 줄 칸에 일렬로 정리하는 것보다 창의적으로 노트정리 할 수 있어서 좋다. 여백으로 비워두는 칸은 나중에 추가로 정리할 때 활용할 수 있다.

문법노트는 수업과 별개로 정리하는 것이 아니라, 학교 수업진도에 맞추어 문법을 정리해 간다. 학교에서 수동태를 배웠다면 수동태에 대해서 문법책을 참고로 꼼꼼하게 정리하는 것이다.

문법의 핵심은 문장구조에 있다. 1형식부터 5형식을 기반으로 한 문장구조를 정확하게 분석해서 정리한다. 이때 출제유형과 빈도수가 높은 문법은 추려내서 예문과 함께 표시를 해두어야 한다. 예문은 교과서에 나오는 문장도 좋다. 이때, 교과서의 몇 단원과 관련 있다고 메모를 해두면 연계가 된다.

노트 Tip 〈 **문법을 집중적으로 정리한 영어 문법노트**

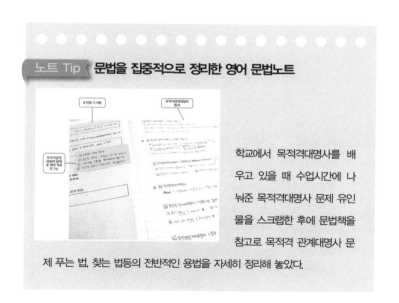

학교에서 목적격대명사를 배우고 있을 때 수업시간에 나눠준 목적격대명사 문제 유인물을 스크랩한 후에 문법책을 참고로 목적격 관계대명사 문제 푸는 법, 찾는 법등의 전반적인 용법을 자세히 정리해 놓았다.

교과서에
정리하는 방법

질문(물음)에 메모를 한다

교과서에 있는 질문은 중요 내용인 경우가 많아 시험에 출제될
확률도 높다. 질문에 답을 구하는 과정에서 생각을 해보라는 의
미도 있다.

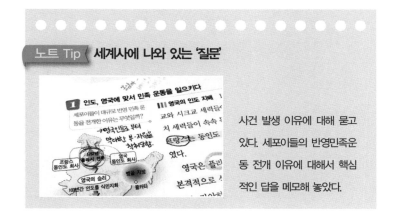

노트 Tip 세계사에 나와 있는 '질문'

사건 발생 이유에 대해 묻고
있다. 세포이들의 반영민족운
동 전개 이유에 대해서 핵심
적인 답을 메모해 놓았다.

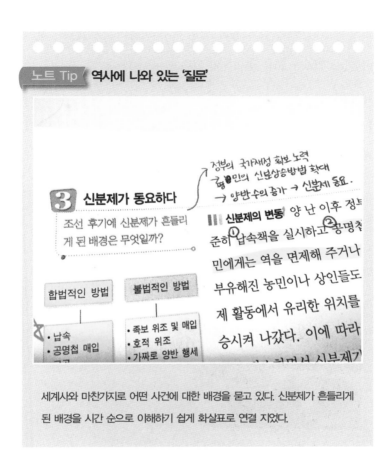

세계사와 마찬가지로 어떤 사건에 대한 배경을 묻고 있다. 신분제가 흔들리게
된 배경을 시간 순으로 이해하기 쉽게 화살표로 연결 지었다.

'활동'을 정리하자

사고력 향상에 좋은 '활동'은 특별히 관심을 가여야 한다. '활
동'은 생각을 많이 해야 하기 때문에 학생들이 귀찮아하지만, 교

과서 본문 주변에 있는 생각 넓히기, 논의하기, 도입활동, 창의
활동, 탐구활동 등을 정리해야 한다.

　교과서의 본문 위주로 정리하지 말고 '활동'을 정확히 이해하
고 생각하는 습관을 길러야 한다. 아래는 역사교과서의 '활동' 내
용을 충분히 이해하면서 메모해 놓았다.

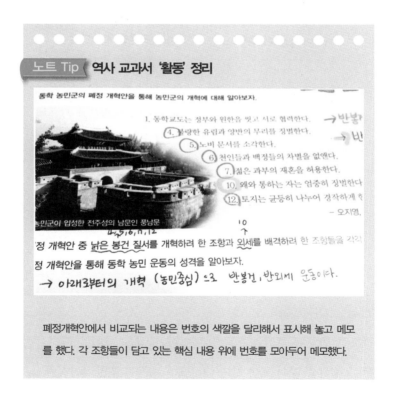

폐정개혁안에서 비교되는 내용은 번호의 색깔을 달리해서 표시해 놓고 메모
를 했다. 각 조항들이 담고 있는 핵심 내용 위에 번호를 모아두어 메모했다.

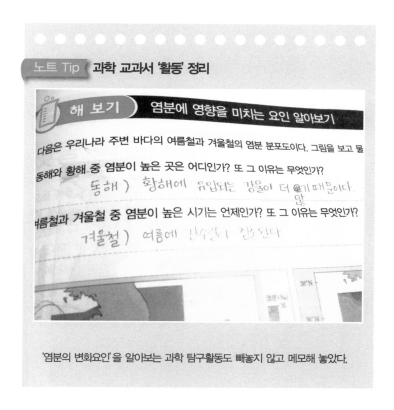

해 보기 염분에 영향을 미치는 요인 알아보기

다음은 우리나라 주변 바다의 여름철과 겨울철의 염분 분포도이다. 그림을 보고 물

동해와 황해 중 염분이 높은 곳은 어디인가? 또 그 이유는 무엇인가?

동해) 황해에 유입되는 강물이 더 @기 때문이다.
                                            많

름철과 겨울철 중 염분이 높은 시기는 언제인가? 또 그 이유는 무엇인가?

겨울철) 여름에 강수량이 집중된다.

'염분의 변화요인'을 알아보는 과학 탐구활동도 빼놓지 않고 메모해 놓았다.

기본문제에 메모를 하자

교과서에 나오는 기본문제(배운 내용 확인하기) 또한 중요하다.
기본문제이지만 용어의 이해를 넘어서 개념을 묻는 문제가 많으
므로 잘 살펴야 한다. 구체적으로 어떤 개념을 알아야 풀 수 있
는지 살펴 메모하자.

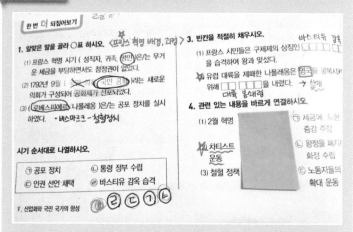

사회 교과서에 나오는 기본문제를 풀어보고, 본문에서 선생님이 강조한 내용
인 경우는 별표를 해 놓았다. 그리고 한 번 더 봐야할 문제인 경우 답을 포스
트잇으로 가려 두었다.

이미지에 해석을 달자

교과서나 유인물의 이미지(그림, 사진, 도표, 그래프)는 해석을
정확히 해야 한다. 특히 중요 이미지는 이미지 옆에 메모를 해
놓아야 한다.

과학 유인물 이미지 해석

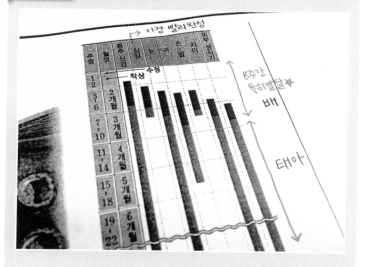

과학 유인물의 이미지(도표) 해석이다. 핵심만 적어 놓으면 된다. 태아의 성장

과정을 배와 태아로 구분하고, 심장이 가장 빨리 완성한다고 해석해 놓았다.

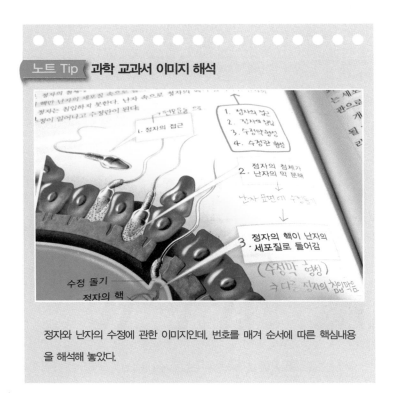

정자와 난자의 수정에 관한 이미지인데, 번호를 매겨 순서에 따른 핵심내용
을 해석해 놓았다.

선생님이 강조한 내용에 표시를 해두자

학교 선생님이 강조하는 내용에 표시를 해두자. 또는 선생님들
이 동시에 강조하는 내용을 찾아 정리하자. 학교 선생님, 학원 선
생님도, 인터넷강의에서도 강조하고, 문제집에도 자주 나오는
내용은 틀림없이 시험에 출제된다.

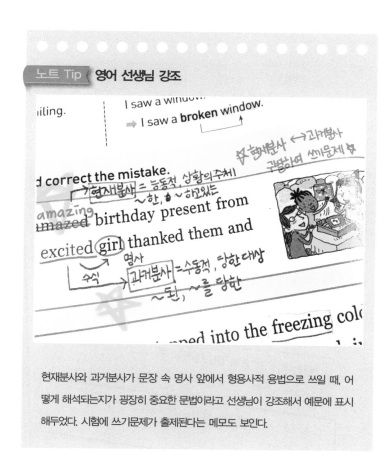

현재분사와 과거분사가 문장 속 명사 앞에서 형용사적 용법으로 쓰일 때, 어떻게 해석되는지가 굉장히 중요한 문법이라고 선생님이 강조해서 예문에 표시해두었다. 시험에 쓰기문제가 출제된다는 메모도 보인다.

이해되지 않는 내용에 표시와 메모를 해두자

이해가 어려운 내용이 나오면 stop 하라. 교과서 또는 유인물을 보다가 이해가 힘든 내용은 stop(멈추다)하고, 어떻게 해결할 것인지 think(생각하다)하라. 그리고 이해가 어려운 부분을 overcome(극복하다)하고 극복과정을 교과서에 메모해 놓아야 한다. 이해가 안 되는 내용에 대해서 다음에는 안 틀리도록 철저히 prepare(대비하다) 해야 한다.

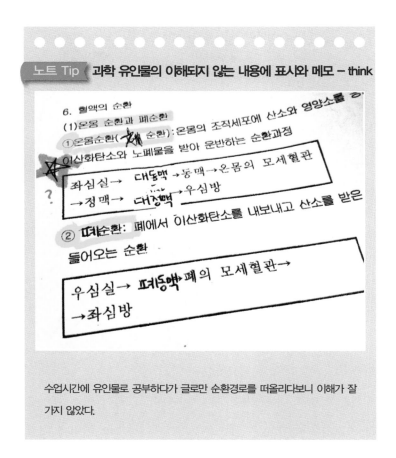

노트 Tip 과학 유인물의 이해되지 않는 내용에 표시와 메모 – think

수업시간에 유인물로 공부하다가 글로만 순환경로를 떠올리다보니 이해가 잘 가지 않았다.

이해되지 않는 내용 극복하기 – overcome

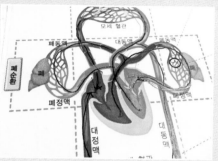

잘 이해되지 않던 경로를 그림을 보며 직접 따라 그려가며 이해했다.

이해되지 않는 내용 대비하기 – prepare

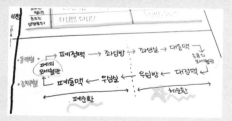

순환경로를 노트에 보기 쉬운 방법으로 정리하며 암기했다.

교과서에는 자세한 설명이 안 된 경우가 있다. 정답을 주지 않고
스스로 해결하라는 내용들도 있다. 교과서에는 없지만 교과서
내용과 관계된 개념이나 내용도 교과서에 정리한다. 또한 글줄
로 되어 있는 내용을 알기 쉽게 비교 정리해 놓으면 나중에 이해
가 쉽다. 이때는 포스트잇을 활용하면 좋을 듯하다.

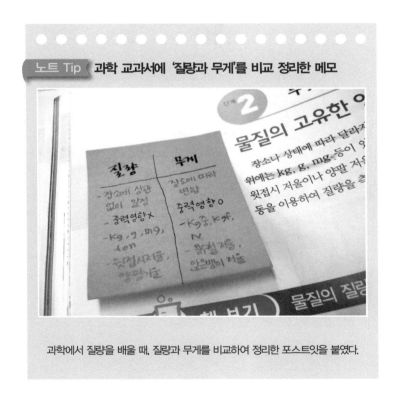

과학에서 질량을 배울 때, 질량과 무게를 비교하여 정리한 포스트잇을 붙였다.

이밖에 혼동되는 내용, 외워도 자꾸 까먹는 내용, 문제 푸는데 도움이 되는 내용들도 정리해 둔다.

노트 Tip **사회에서 복잡하고 혼동되는 내용 정리**

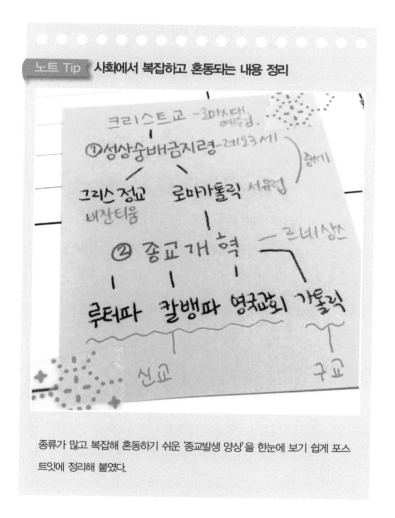

종류가 많고 복잡해 혼동하기 쉬운 '종교발생 양상'을 한눈에 보기 쉽게 포스트잇에 정리해 붙였다.

리뷰를 통해 확인하라
노트정리에 꼭 들어가는 8가지 아이템

피가 물보다 진하듯이, 손으로 쓰는 것이 머리로만 생각하는 것보다 훨씬 진하다. 아무리 머리가 좋아도 생각만 하는 것은 공중으로 날아가고 기억에서 사라질 수 있다. 하지만 일단 적어 놓으면 나중에는 다 쓸모가 있다. 그래서 노트정리 기술이 필요하다. 노트정리는 적어 놓은 것을 효과적으로 정리해서 성적으로 이어지게 하는 기술이다.

노트정리는 수업, 교과서, 유인물, 자습서, 문제집 등을 종합적으로 정리해야 한다. 정리된 노트는 Review를 통해 빠진 것은 없는지, 제대로 정리가 되었는지 꼼꼼히 확인해야 한다. 좋은 노트가 되기 위해서 꼭 갖추어야 할 8가지 아이템이 있다. 이 8가지가 제대로 정리되었는지 꼭 확인해야 한다. 8가지 아이템이란,

목차, 학습목표, 수업내용(선생님 강조), 교과서 핵심(개념), 이미
지, 자습서 보충, 오답, 의견(질문, 시험에 나올 내용)을 말한다.

8가지 아이템

- **목차** 교과서의 목차순서를 이해하고 기억하기 쉽게 재구조화 한다.

- **수업내용** 학교 수업에서 선생님의 일반적인 수업내용과 선생님이 강조한 내
용이 있다. 선생님 강조한 내용은 별도의 색깔 펜으로 구분해 놓
아야 한다.

- **학습목표** 대개 교과서에는 소단원마다 학습목표가 있기 때문에 소단원을 정
리하면서 적어 놓으면 된다. 그리고 학습목표를 설명하는 내용이
노트정리에 들어가 있어야 한다.

- **교과서 핵심** 교과서의 핵심은 주로 개념정리를 말한다.

- **이미지** 교과서마다 주요 이미지가 있다. 웬만한 건 그려넣고 그리기 어려운
이미지는 복사해서 붙여 놓는다. 요즘은 인터넷에 대부분의 이미지가
있기 때문에 프린터로 인쇄해서 붙여 놓으면 보기가 좋다.

- **자습서 보충** 교과서에 나와 있지 않는 내용 위주로 정리한다.

- **오답** 틀린 문제에 해당하는 개념정리를 철저히 한다.

- **의견** 나의 생각을 메모한다.

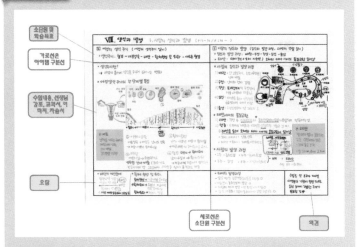

① 단원명 적는 칸을 포함해서 가로선으로 보면 크게 네 개의 칸으로 나누었다. 그리고 중간에 세로선을 그어서 소단원으로 구분했다. 즉 여성의 생식주기와 사람의 임신발생을 정리한 것이다.

② 단원명 밑의 칸은 소단원 칸으로 주황 펜으로 학습목표를 적었다. 세 번째 큰 칸은 수업내용을 중심으로 교과서 개념정리, 이미지, 선생님 강조내용, 자습서 보충을 정리했다. 오른쪽 칸의 '태반의 물질교환' 그림은 선생님이 강조하며 그려준 것으로 주황색 테두리를 쳐놓았다. 용어를 이해할 때 자습서를 참조했고, 초록색 포스트잇을 활용해서 붙여놓았다. 네 번째 칸에는 오답과 내 생각을 위주로 정리했다. 시험 출제유형에 따른 풀이방법 정리나 출제 시 유의해야할 것, 또는 헷갈리는 내용을 확인해서 정리했다.

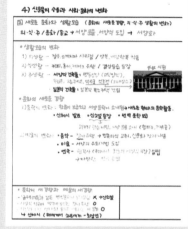

단원명 밑의 칸에 소단원과 학습목표를 적었다.

세 번째 큰 칸에 수업내용을 바탕으로 자습서를 참조해서 정리했고, 선생님이 강조한 '덕수궁 석조전' 사진도 붙여놓았다.

네 번째 칸에는 이 단원의 문제를 풀다가 틀렸던 내용을 정리했다.

이렇게 8가지를 종합적으로 정리해서 빈틈없는 노트를 만들어야 한다. 이정도로 정리할 수 있으면 최상위로 올라가는 것은 어렵지 않다. 그리고 리뷰노트로서의 가치를 더하기 위해서 친구들과 노트를 교환해서 피드백을 주고받으면 내가 빠트린 내용, 내가 소홀하게 다루었던 내용을 알 수 있다.

가지치기와
단원요약 그리고
출제예상문제

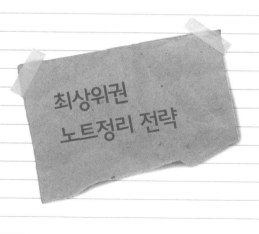

최상위권
노트정리 전략

반복해 보면서 가지치기하자
포토그래픽 메모리를 만들자

정리한 노트는 두 가지를 지속해야 한다. 첫째는 반복해서 보는 일이다. 한 번 정리하고 다시 들여다보지 않는 노트는 무용지물에 불과하다. 반복해 보면서 기억 속에 저장해야 한다. 자투리 시간을 활용해서 보고, 복습할 때는 앞부분에 노트정리 한 내용을 확인한 후에 이어서 정리하면 더 효과적이다.

둘째는 노트를 계속 업그레이드 시켜야 한다. 노트를 반복해서 공부하고 정리하다 보면 확실히 알게 되는 내용이 점점 늘어난다. 이제 그러한 내용보다는 시험을 준비하면서 추가로 알게 된 내용, 심화 내용, 출제 가능 내용 등을 메모 하거나 포스트-잇으로 정리해 놓아야 한다.

위 두 가지를 게을리하지 않으면 노트정리를 통해 두뇌를 포토그래픽 메모리화 할 수 있다. 포토그래픽 메모리란 사진 기억술을 의미하는 것으로, 공부에서는 노트정리 만한 것이 없다. 스스로 정리한 노트정리 내용이 머릿속에 그대로 떠오르도록 공부해야 한다.

우리 두뇌는 좌뇌와 우뇌로 되어 있다. 쉽게 말하면 좌뇌는 분석하고 따지는 것을 좋아한다. 우뇌는 이미지를 좋아한다. Chapter.2에서 살펴보았듯이 좌뇌가 좋아하는 방식인 요점정리는 왼편에, 우뇌가 좋아하는 이미지는 오른편에 정리하자.

구체적으로 사회, 역사, 과학과목의 경우는 왼편에 요점, 오른편에 이미지를 정리한다. 수학은 왼편에 개념정리, 오른편에 예제를 통한 풀이과정을 정리한다. 국어나 영어는 특별한 이미지가 없기 때문에 오른편에 도표를 통해 정리해 놓으면 된다.

과학노트를 자주 보면서 기억하고 업그레이드 하자

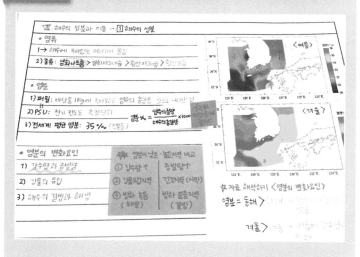

❶ 해수의 성분 단원이다. '염화나트륨'에 대해서, '강수량과 증발량'을 확실히
알아야 한다는 의미에서 용어 위에 노란색으로 눈에 띄게 했다.

❷ 오른쪽 이미지는 염분의 변화요인을 나타내는 것으로 자료의 의미를 해석
해서 정리했고, 선생님이 잘 봐두라고 해서 '자료 해석하기' 앞에 별표 표
시를 해두었다. 다시 보면서 확실히 이해했다.

❸ 두 개의 포스트잇을 추가로 붙여 놓았다. 시험이 다가오면서 선생님이 염분
농도 계산문제가 나온다고 해서 작은 포스트잇으로 강조해 놓았다. 또한 염
분이 낮은 지역과 높은 지역을 비교 정리해서 붙여놓았다.

III. Hobbies for Everybody - [3] Finding the Perfect Hobby

• Language Focus

1) 분사형 형용사

2) 목적격 관계 대명사 that

• Grammar

1) ① Many people want to have an **exciting** hobby,
→ -ing가 붙은 현재분사형 형용사 '재미있는 취미'

② You can go for cooking and soon become an **experienced cook** → -d가붙은 과거분사형 '경험있는'

2) ① but you can find a hobby **that** you will enjoy
→ You will enjoy 'a hobby'가 빠진 목적격관계대명사절

② One rewarding hobby **that** even a student can afford is reading → 동사 afford의 목적어 x → that=목 관대

☆ 현재분사형 형용사 vs 과거분사형 형용사

	현재	과거
형태	동사원형 + -ing	동사원형 + -(e)d
의미	능동 (명사가 ~ 중)	수동 (동작을 받음)
주어	주로 사물	수로 사람

→ 현재분사는 명사를 수식 / 과거분사는
능동의 의미가 ~ 수동의 의미로

☆ 목적격 관계대명사 that

선행사: 사람 - who, that / 사물 - which, ~
→ 접속사+ 대명사 역할을 하는 관계대명사
관계사 절에서 목적어 ~ 에서 목적격

관계대명사 사용

that (I) post
주 관대 + 주어 + 동사

관계사절 ~비수

❶ 시험 보는 단원의 문법정리다. 맨 위 주황색 펜의 'language focus'는 학습 목표를 말한다. grammar는 본문에서 사용된 문법을 정리한 것이다. 오른 쪽에는 비교할 수 있는 문법사항을 표로 정리했다.

❷ 문법과 관련된 의미 있는 단어에 노란색으로 표시해 놓았다. 특히 '분사형 형용사'와 '목적격 관계대명사 that'을 다시 확인하였다. 그리고 목적격관계 대명사의 구조와 핵심 포인트를 포스트잇에 보충해서 붙여놓았다.

술술 마무리하는 단원 요약정리
시험 직전 보는 개념정리

　지금까지의 과정을 요약해 보면 다음과 같다. 일단 기본적인 용어부터 정리한다. 그다음 목차를 재구성하면서 본문의 개념을 체계 있게 정리한다. 노트정리가 잘 되어 있는지 스스로 리뷰해 보면서 노트정리에 빠진 내용은 없는지 살펴본다. 그다음 반복해서 보면서 기억 속에 저장한다.

　여기까지 정리하고 나서 단원 요약정리를 하면 마무리된다. 소단원 또는 중단원을 마친 후의 개념 요약정리를 말한다. 지금까지 정리한 내용을 한 번 더 리뷰함으로써, 아는 내용은 빼버리고 가장 핵심적인 내용으로만 재구조화 하는 것이다. 최대한 중심 줄기 정리만으로 압축하는 데, 그렇게 되면 원래 분량이 3분의 1 또는 4분의 1로 줄어든다.

소단원의 분량이 많으면 소단원에서 하고 그렇지 않으면 중단원에서 정리하자. 대단원이 끝나면 소단원 요약정리 또는 중단원 요약정리를 모아놓은 것이 대단원 요약정리가 되는 셈이다.

이렇게 정리한 요점노트는 시간이 부족한 시험 직전에 살펴보면 제격이다. 이런 방법으로 잘 정리해 놓으면 최상위 노트로 인정받을 수 있다. 이 요약노트는 잘 보관해두면 나중에라도 제한된 시간에 공부할 양이 많을 때 유용하게 쓰일 수 있다.

이 단계에서 꼭 해주어야 할 것이 출제예상문제 정리다. 여기에는 서술형 문제도 포함된다. 각 소(중)단원마다 시험에 나올만한 내용을 정리해 놓는다. 문제집을 풀다가 정리해두면 도움이 되겠다고 싶은 문제는 지나치지 말자. 이것을 위해서 평소에 노트정리하면서, 시험에 나올 만한 내용이라고 생각되면 그때그때 표시를 해놓고 나중에 한꺼번에 정리해 놓자.

용어정리 ➡ 목차 구성 ➡ 개념정리 ➡ 심화내용 정리 ➡ 단원 요약정리(출제 예상문제 포함)

국어 소단원 요약정리 및 서술형 예상문제

목차	개념	문제형, 예시	문제 유형	ETC

❶ 막판 시험 준비용으로 핵심 요약집을 만들었다. 요약집을 만들 때는 칸을 어떻게 나누어 정리할 것인지를 생각해야 한다. 목차, 개념, 예시, 문제유형으로 분류해서 보기 쉽고 이해하기 쉽게 정리했다.

❷ '기본문장 확장하기'에서 홑문장, 겹문장과 관련된 서술형 예상문제도 별표를 사용해서 정리해 놓았다.

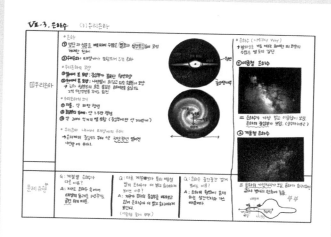

❶ 막판 시험 준비용으로 핵심 요약집을 만들었다. 이 단원이 까다롭고 출제 빈도가 높아 '문제유형' 란을 따로 만들어 정리했다.

❷ 이미지를 확실히 이해하고 기억하도록 하기 위해서 헷갈렸던 이미지와 중요 이미지를 복사해서 붙였다.

173

chapter
06

종이에
불과한
노트는 싫다

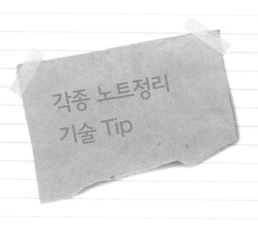

각종 노트정리
기술 Tip

**국어
어휘노트**

국어교과서를 읽다가 또는 독서를 하다가 이해 안
되는 어휘를 만날 때 정리하는 노트다. 일반노트
에 아래와 같이 세로줄만 그어놓고 어휘가 바뀔 때마다 한 줄씩
띄워주면 된다.

어휘(페이지)	문장	뜻, 비슷한말, 반대말
어휘(페이지)	문장	뜻, 비슷한말, 반대말

문장에는 교과서든, 책이든 그 어휘가 들어간 문장을 적어주면
된다. 비슷한 말과 반대말은 국어사전을 찾거나, 네이버 어휘사
전에서도 손쉽게 찾아 정리할 수 있다.

이렇게 정리하면 된다.

1학년 국어교과서에 나오는 작품이다.

<u>선생님의 밥그릇(이청준)</u>

허물 (p165)	또 책가방 속에 만화책을 숨겼다가 들통 이 난 아이는 그 허물로 공부를 소홀히 한 죄, 학생의 품위를 떨어뜨린 죄, 선생님의 주의를 어긴 죄, 그리고 선생님을 속이려 한 죄가 적용되었다.	1) 잘못 저지른 실수 =흉, 과실, 험 2) 피부에 나는 종기, 곤충류의 껍질

같거나 비슷한 말은 =, 반대어는 ⇔, 다른 뜻이 있다면 위에서
처럼 번호를 매겨서 정리한다.

우매	아름다움만이 사랑받을 수 있다던 아리스토텔레스의 말처럼, 인간은 너무도, 살은 우매할정도로 아름다운 인간을 사랑하고 사랑해 왔습니다.	어리석고 사리에 어두움 '어리석음' → 우매하다. 우둔하다
		열 일곱 살의 털 中
1. 완화	"야, 혹 떼려다 혹 붙었다. 누발규제 완화하라고 했더니, 벌점제를 도입	→ 긴장된 상태나 급박한것을 느슨하게함. = 유화 ⇔강
2. 맞불	하겠다고 맞불을 놓네. 벌점제라니 말이 되냐?"	→ (속담/관용구) 맞불을 놓다 서로 마주 겨누고 총질을 하
3. 폐단	정민의 말을 들은 아이들은 벌점제의 폐단을 말하며 격분했다.	→ 어떤 일이나 행동에서 나타나는 옳지 못한 것 해조운 현상 = 악폐
		→ 몹시 흥분하다

박민규의 소설 〈죽은 왕녀를 위한 파반느〉와 제6회 사계절문학상 대상 수상작
인 김해원의 〈열일곱 살의 털〉에 나오는 어휘들을 정리했다.

**사회
시사노트**

시사노트는 주로 신문을 활용하면 좋다. 자신이 관심 있는 분야부터 시작하면 된다. 신문을 스크랩해서 노트의 왼편에 붙여 놓는다. 뉴스를 본 경우에 의문되는 내용은 인터넷을 이용해서 찾아보고 관련 내용을 스크랩하면 된다. 노트의 오른 쪽은 아래와 같은 형식이다. 하나의 시사내용을 두 페이지에 걸쳐 정리하면 보기가 수월하다.

스크랩 or 주제		
	요약	용어풀이
〈출처 : 〉	보충내용	의견

요약은 핵심단어 위주로 정리를 한다. 주요 용어를 풀이하고, 나의 의견을 정리한다. 보충내용은 관련되는 사건이나 자료 등을 적어 놓는다.

시사노트에 스크랩한 내용이다. 최근 서울시가 "공무원들은 반바지에 샌들을 착용하고 근무할 수 있다."는 기사를 읽고 시사노트에 정리했다.

스크랩한 내용을 요약하고, 용어를 풀이하고, 보충내용(반대의견 스크랩)도 정리했다. 물론 내 의견도 함께 정리했다.

역사
연표노트

연표노트 정리 방법은 왼쪽 페이지는 연표, 오른쪽 페이지는 주요사건에 대한 보충설명을 정리한다. 연도 보다 흐름을 파악하면서 사건 내용과 순서를 기억해야 한다. 연도는 건국연도, 중요한 사건만 외워두면 된다.

〈조선의 성립과 발전〉 단원은 사건이 많으므로 100년~200년 단위로 정리한다.

연도	주요사건	내용	보충설명
1392	조선건국		
1394	한양 천도		
1411	5부 학당	한양에 설치	
1413	지방행정조직		
	태조실록		
	호패법	전국의 인구동태 파악	→왕족에서 노비에 이르기까지 16세 이상의
1416	4군 설치		남자는 누구나 가지고 다닌 신분패.
1418	세종즉위		조세징수, 군역부과
1420	집현전 확정		
1434	6진 설치	최윤덕, 김종서 파견	→4군 6진 - 여진족 몰아냄
1441	측우기 제작	강수량 측정	→가뭄, 홍수로 인한 농민 피해↓ 세계 최초
1443	훈민정음 창제	정음청	→삼강행실도를 훈민정음으로 번역
1446	훈민정음 반포		양반들은 언문, 반절이라 낮추어 부름
1466	직전법 실시	현직 관료에게만 지급	→전·현직 관료에게 지급하던 과전 부족.
1485	경국대전 완성	성종	→나라를 다스리는 기본 법전

교과서 내용에 나오는 사건이나 시험에 자주 나오는 사건 위주로 흐름을 잘 이해하면서 정리해야 효과적이다. 중요한 사건이나 시험에 나와 틀렸던 사건은 표시를 해두면서 메모해 놓는 방법이 좋다. 연표에서 큰 사건을 기억해 두고 나머지 사건들을 중간 중간 끼워 넣기 식으로 이해를 하자.

노트 Tip **역사 연표노트**

< 조선 사회의 변동 >

NO.

연도	주요사건	내용	
1592	임진 왜란	7년간의 왜군의 침략에 따른전쟁	] 양난 후 조선 후기 정치운영
1636	병자호란	조선과 청나라의 전쟁	변화의 가장 큰 이유
1635	영정법 실시	토지 1결당 쌀 4말 납부	└→ 비변사기능 확대, 5군영 설치
1708	대동법 전국 실시	공납:지역특산물 → 토지기준 쌀	→ 공인등장, 수공업발달
1725	탕평책 실시	영조) 붕당을 가리지않고 관리등용	→ 완벽한 성공 X
1742	탕평비 세움	영조가 성균관에 탕평비세움	
1750	균역법 실시	군포 : 1인 2필 → 1인 1필	→ 군포 징수를 둘러싼 폐단 ④ 가
1776	규장각 설치	정조) 왕이세운 도서관 기능강화	→ 개혁의 중심기관 만듦
1791	금난전권 폐지	난전 단속 권리 폐지	→ 시전상인외의 상인이
			자유롭게거래 → 자금력 풍부

❶ '조선 사회의 변동' 단원을 공부하면서 이 부분에 해당하는 연표를 만들었다. 연표를 만들 때 한국사 책, 교과서, 인터넷 서치 등 다양한 자료를 참고하여 교과서 연계된 중요내용만 추려 정리 했다.

❷ 다시 강조하지만, 연표에서 년도는 하나의 숫자에 불과하다. 억지로 외울 필요가 없다. 중요한 것은 사건의 내용, 흐름, 관계에 있다.

열권의 책을 무리하게 읽는 것보다 한 권의 책을 읽더라도 내용과 주제를 충분히 이해하고 자기 것으로 만드는 습관이 필요하다. 독서할 때 메모하기, 정리하기, 느낌 표현하기의 3단계과정에 충실하자. 메모하기는 책을 읽어가면서 인물관계, 중요사건에 대한 기록이다. 정리하기는 메모한 내용을 토대로 줄거리를 만드는 일이다. 느낌 표현하기는 책을 읽고 난 뒤의 감상이다.

제목(지은이) . .	
도서 선택 이유	교과과정 or 자신의 진로와 맞추어 선택 or 호기심
줄거리	인물관계, 사건의 주요 흐름
느낀점	주제 및 교훈 중심으로
독서 후 변화	마음의 변화, 행동의 변화

도서 선정은 스스로 선택하자. 책을 읽고 어떤 교훈과 감명을 받아 실제 생활에서 변화된 모습이 있을 때 인정을 받는다. 이것이 명문고, 명문대가 좋아하는 독서 인재 유형이기도 하다. 독서 후의 작은 변화에 대해서도 기록을 하자.

노트 Tip 〈 논술 독서노트

'여자라면 힐러리처럼' 이라는 책을 읽고 쓴 독서록이다.

❶ 도서선택이유, ❷ 줄거리 ❸ 느낀 점, ❹ 독서 후 변화를 기록했다.

성적을 올리기에
노트정리만한 것이 없다

　노트정리는 하나의 기술이다. 자신감을 가지는 것이나, 시간
관리를 잘하는 것과는 다른 방법이다. 학생들이 마음만 먹고 잘
따라한다면 성적을 올리기에 노트정리 만한 것이 없다. 왜냐하
면 수업, 교과서, 자습서의 많은 내용을 핵심적인 것만 골라 추
려서 정리해 놓아 시험 준비하기에 안성맞춤이기 때문이다. 물
론 어떤 내용을 어떻게 정리해서 머릿속에 담느냐가 가장 중요
한 문제다.

　이 책의 Chapter.3에서 Chapter.5부까지의 내용을 잘 이해하고
따라해 보기를 바란다. 머리말과 본문에서 말했듯이 노트정리의
바탕은 수업시간이라는 것을 다시 한 번 강조한다. 수업내용을
바탕으로 얼마나 체계적으로 정리하느냐에 성적이 10점, 20점이

왔다 갔다 한다. 수업을 충실하게 듣는 학생은 노트정리도 잘한다. 수업에 충실하다 보면 노트정리를 해야 할 필요성을 본인 스스로 강하게 느끼기 때문이다.

이 책은 필자의 수년간의 노트정리 강의 경험과 노하우 그리고 최상위 학생들의 노트분석을 통해 만들어졌다. 모쪼록 이 책을 읽는 학생들이 노트정리에 대한 열정을 가지고 성적도 쑥쑥 향상되기를 바라는 마음으로 글을 마친다.

저자 신성일

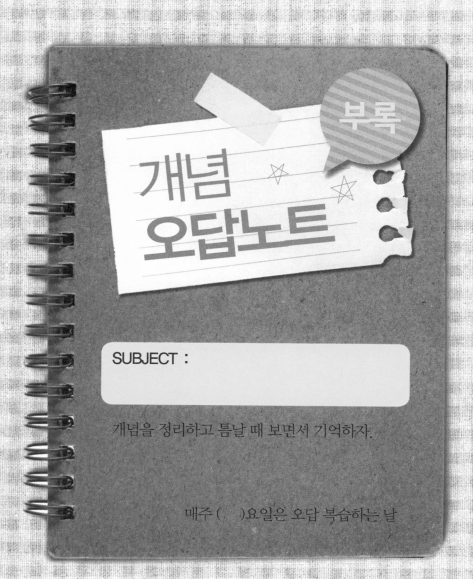

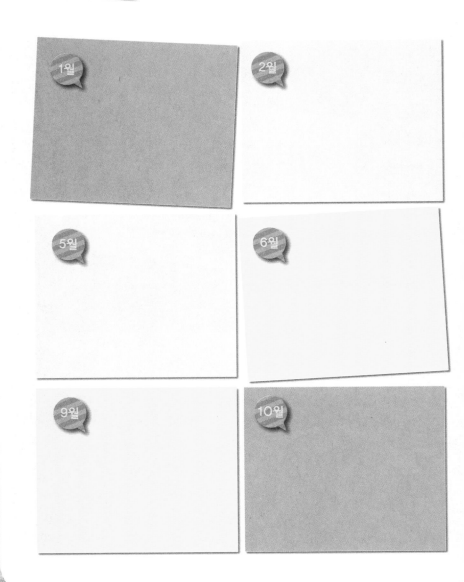

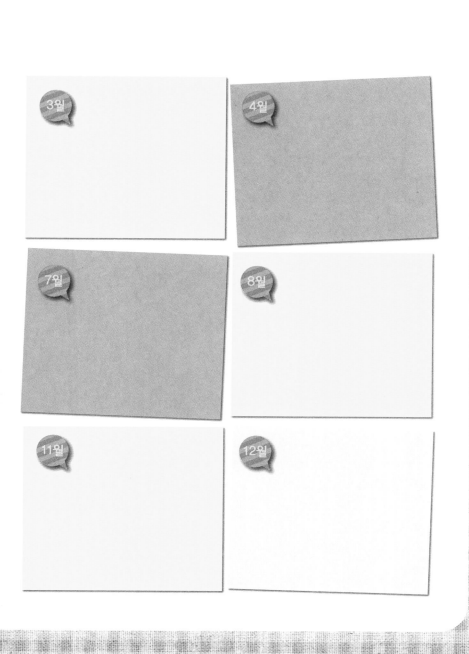

	MON	TUE	WED	THU	FRI	SAT
0						
1						
2						
3						
4						
5						
6						
7						
8						
9						

과목	교재(참고서/문제집)	자기주도학습/인강/학원/과외/학습전략

Date Time	/	/	/	/
1				
2				
3				
4				
5				

시험	(~)		(~)	
과목	결과	다음목표	결과	다음목표
memo				

중간/기말 시간표

Date Time	/	/	/	/
1				
2				
3				
4				
5				

시험결과 및 목표세우기

시험	(~)		(~)	
과목	결과	다음목표	결과	다음목표
memo				

과목별 수행평가

Plan _____

과목	수행평가 항목별 내신반영 비율, 수행시험 안내 등	

Plan

과목	수행평가 항목별 내신반영 비율, 수행시험 안내 등	

과목별 수행평가

Plan _____

과목	수행평가 항목별 내신반영 비율, 수행시험 안내 등	

Plan

과목	수행평가 항목별 내신반영 비율, 수행시험 안내 등	

과목별 수행평가

Plan

과목	수행평가 항목별 내신반영 비율, 수행시험 안내 등	

Plan

과목	수행평가 항목별 내신반영 비율, 수행시험 안내 등	

과목별 수행평가

Plan _____

과목	수행평가 항목별 내신반영 비율, 수행시험 안내 등	

Plan

과목	수행평가 항목별 내신반영 비율, 수행시험 안내 등	

1) 개념정리

왼쪽은 가로줄이 있고 오른쪽은 가로줄이 없다. 공부하다 보면 이미지(그림, 사진, 도표, 지도 등)와 연결시켜 정리하거나, 추가로 보충할 내용들이 생긴다. 사회, 역사, 과학은 주로 이미지, 수학은 왼편에 개념정리, 오른편에 예제를 통한 풀이과정을, 국어나 영어는 특별한 이미지가 없기 때문에 예문 또는 도표를 통해 정리한다.

▼개념정리 사례

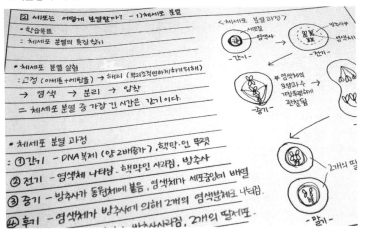

대단원 or 중단원	. .
소단원 or 소주제	
	→
개념정리(중심내용정리)	
	보충내용(이미지)
	→

개념정리 실천하기

.   .

	. .

개념정리 실천하기

개념정리 실천하기

.   .

. .

2) 오답정리

풀이과정과 틀린(헤맨) 이유를 꼼꼼하게 정리하자. 실수 했으면 왜 실수 했는지, 몰랐다면 무엇을 몰랐는지 구체적으로 정리하자.(오답이 아닌 해결과정이 까다로웠거나 단원의 대표유형 문제, 시험예상문제 등을 정리해도 된다.)

▼오답정리 사례

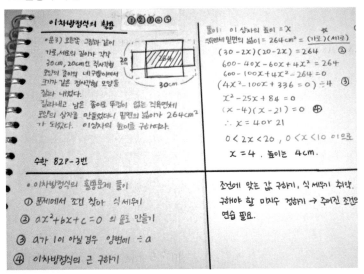

▼오답정리 예시

소단원(or 주제)①②③④⑤	. .
문제	풀이과정
〈출처 : 〉	
문제	틀린(헤맨) 이유

*출처는 문제가 실려 있는 교재와 페이지를 적으면 된다. 소단원 옆의 번호 (①②③④⑤)에는 풀이 횟수를 뜻한다. 풀어본 횟수만큼 칠해 놓으면 된다.

오답정리 실천하기

	①②③④⑤	. .
〈출처 : 〉		

①②③④⑤

〈출처 :   〉

오답정리 실천하기

①②③④⑤   .   .

〈출처 :   〉

①②③④⑤　　　．　．

〈출처 :　　　　　　 〉

오답정리 실천하기

①②③④⑤   .   .

〈출처 :   〉

①②③④⑤

〈출처 :   〉

오답정리 실천하기

	①②③④⑤ . .
         〈출처 : 〉	

①②③④⑤ . .

〈출처 : 　　　　　　　　　　〉

①②③④⑤   .   .

〈출처 :   〉

①②③④⑤　　　　．　　．

〈출처 :　　　　　　　　　〉

오답정리 실천하기

①②③④⑤   .   .

〈출처 :   〉

①②③④⑤

〈출처 :　　　　　　　〉